Amílcar Cabral

Aura of African Revolution

アミルカル・カブラル

–アフリカ革命のアウラ

石塚正英 編

石塚正英・白石顕二 共著

Ishizuka Masahide / Shiraishi Kenji

柘植書房新社

アミルカル・カブラル——アフリカ革命のアウラ／目次

アフリカの指導者たち知識人たちは、【ユーロ・アメリカン・スタンダードとしての近代】を早くから拒絶していた。その代表にギニアビサウ解放の指導者アミルカル・カブラル（一九二四〜七三）がいる。彼は、宗主国ポルトガルからギニアビサウの独立を勝ち取るに際して、指導理念として「文化による抵抗」を掲げた。カブラルにとって文化は、アフリカ人民のアイデンティティーとディグニティーに深くかかわる。それは闘争によって生まれ、また闘争そのものを引張っていく。カブラルにとって優れた文化とは、ただそれのみという固有性の中に普遍的なものを体現する、そのような価値を有する文化、いわば［絶対的文化］である。他との比較における優劣でなく、人類に普遍的と評価されることがらと一民族に固有と評価されることがらとの双方不可欠なものの体現度をみての一文化内的な優劣である。

カブラルは諸民族の「文化の差異」に注目する。その度合いが大きければ大きいほど、一民族が他民族を征服・支配しにくくなるという。したがってまた、その差異が大きいほど、抑圧者に対する被抑圧者の抵抗運動が強力となる。その際、カブラルは文化の差異に注目するのであって、文化の高低を云々しているのでない点が重要である。彼は個々の民族に備わる文化を、絶対的文化——他と比較してでなく、比較しえない唯一性をそなえた文化——とみて、これを民族解放闘争の武器、抵抗運動の環とする。カブラルの理論からすると、アフリカの人々がもし欧米の物質文明を摂取したとしても、それはアフリカ文化の中に欧米文化を呑み込む行為としての摂取であって、同化としてのそれであってはならないのである。カブラルの用語で表現するならば、森をゆたかにする欧米文化はすすんで摂取するが、森を破壊する欧米文化は断固として拒絶するのである。

このように見てくると、近代においてイギリスを先頭に形成されたヨーロッパ文化＝近代ヨーロッパは、アジア・アフリカ・ラテンアメリカ諸大陸の諸民族・諸文化にとって普遍的な目標を内包しているようには思われなかったといえる。例えばアフリカ文化は、一度はヨーロッパ文化によって原始的と卑下され破壊されさえした。しかしカブラルはギニアビサウ民衆に対し、そのようなヨーロッパ文化を呑み込んで〈精神の再アフリカ化〉をはかるよう求め、民衆はそれを実践した。こうしてヨーロッパ文化はアフリカ文化に包摂され、さらには多文化共生という特徴をもつ総合的にして普遍的な文化によって包摂されることになったのである。総合的といっても、それは単一統合や一極集中を意味しない。ヨーロッパ文化もアフリカ文化も、ともに固有性の中に普遍的なものを体現し、多元的な特徴をもつ総合的文化の一部分となるのである。

ヨーロッパ中心的な文化史＝世界史は、いまやアジア・アフリカ・ラテンアメリカ諸大陸の諸民族・諸文化によって深く耕されることとなり、その先にあらためて普遍的で総合的連合的な文化史＝世界史が再構築されることになる。

ところで、ナイル系の一民族であるヌアー人に関するエヴァンズ・プリチャードの調査（一九三〇年前後）によると、彼らは鉄を生産せず、そればかりか石器すら欠いている。ヌアー人は、二〇世紀において石器時代以前の生産様式の中に生きている。また彼らは政府を持たない。厳密な意味では法をも持たない。それだからこそ彼らは、秩序ある無政府状態において主人も下僕もつくらず、食糧の共有を軸に徹底して民主主義的だった。

欧米の現代文明人は、ヌアーに代表されるアフリカの社会状態を指して、野蛮・未開と形容し、その状態から石器・鉄器時代、あるいは農耕社会へ、さらに工業社会へ移行することを善とみなし、歴史とみなし、文化的進歩とみなしてきた。いつまでもその移行をみせないアフリカに対して、固有の文字がない、固有の歴史がない、固有の文化がないと評する。あるいは、発達の遅れたアフリカ社会には階級がない、階級闘争がないとも評する。結論として、アフリカ人に文字を教えて強化せよ、アフリカ社会を工業化し、同時にプロレタリアートを形成せよ、というスローガンが短絡的に出てきた。

白石顕二（一九四六〜二〇〇五）と共著のかたちで紹介するアミルカル・カブラルは、そのような欧米文明人の傲慢なアフリカ救済論を、はなから相手にしていない。ここに収めた白石・石塚のカブラル論には、トゥーガ（外人、ヨーロッパ人）と闘うヌアー的アフリカ民衆のみならず、トゥーガの文化を呑み込んで自らを高めようとする民衆の姿が鮮かに描かれている。

石塚正英

序章　アミルカル・カブラルと現代

一　カブラル・カ・ムリ――カブラルは死なず――

カブラルとは、いったい誰のことか。一五〇〇年に現ブラジル海岸を探検し、南米で唯一のポルトガル領植民地成立の端緒をつくったペドロ・アルバレス・カブラルのことではない。また、一五七〇年代に来日、九州各地を伝道し、京都で足利義昭・織田信長に謁見したポルトガルのイエズス会宣教師フランシスコ・カブラルでもない。一九七二年八月に来日、広島・長崎を訪問し、第一八回原水爆禁止世界大会（原水協主催）に参加したことのある、ギニアビサウ解放の指導者アミルカル・カブラル（一九二四―七三）である。

我々は、非合理のものであれ合理のものであれ、または直接のものであれ間接のものであれ、およそ権力・政治権力によって虐げられた民族・民衆の解放に全生涯を捧げた人びとを、歴史上に幾人も知っている。カブラルは、そうした民族解放・民衆革命を指導したアフリカ人革命家・戦士のひとりである。しかし、彼は過去の指導者ではない。我々の同時代人なのである。同時代のアフリカ革命指導者には、カブラルより著名な人びととして、たとえば、ガーナのクワメ・エンクルマ、アルジェリアのフランツ・ファノンがいる。彼らとカブラルとで、どこがどう違うか。一言でいおう。アフリカの他の多くの指導者は、ヨーロッパの植民地主義的権力支配の軛からアフリカの現在を、まずもって政治的に、しかるのち経済的に解放しようとしたのに対し、カブラルは、ヨーロッパ植民地主義支配から、アフリカの現在でなくまずもってその過去を、しかも政治の行為としてでなく文化の行為として、解放しようとしたことである。アフリカの悲惨は、現在が政治的・経済的にヨーロッパの囚われの身となっていることではなく、過去が、とりわけ大航海時代以前のアフリカが、ヨーロッパ文化というプロクルステスの寝台上に縛りつけられていることなのである。アフリカの現在はヨーロッパの過去から成立するのではなく、アフリカの過去、アフリカの文化から成立するのである。カブラルは、文化の行為としてポルトガル植民地主義に銃口をむけるよう、ギニアビサウの民衆に訴えかけた。土着信仰のフェティシストたちに文化という武器を握らせたのである。そのようにして彼らに対し、精神の再アフリカ化を訴えかけたのだった。そしてこれを、ただ語りかけただけでなく、対ポルトガルの闘争を潜りぬけつつ、民衆とともに実行、実践したのだった。その点が、他の追随を許さない、カブラルの卓越性である。ファノンだけが、理論・思想面で唯一彼と肩を並べている。しかしファノンは、類い稀なルポライターではあっても、革命の実践家・リーダーではなかった。

アミルカル・カブラルは、一九二四年九月一二日、ギニアビサウ第二の都市バファアタに、教師の子として生まれた。父の故郷はカボベルデであることから、幼少期を同島で過ごした。一九四五年から四九年にかけて、宗主国の首都リスボンにある農業高等研究所（大学）に留学し、農業工学、農業経済学を専攻した。その間アンゴラ出身のマリオ・デ・アンドラーデらと知り合い、しだいに己が精神の再アフリカ化をすすめる。一九五二年、ポルトガル政府の農業技術者として母国ギニアビサウに戻る。この時点からカブラルの革命的実践が開始したとみても、大過あるまい。一九五六年九月一九日、同志とともにアフリカ人独立党（ＰＡＩ）を結成し、これを一九六〇年の党大会でギニア・カボベルデ・アフリカ人独立党（ＰＡＩＧＣ）と改称。一九五九年八月三日、首都ビサウのピジギチドック港湾労働者の平和的デモ・ストライキに対してポルトガル官憲が発砲し、いわゆるピジギチの虐殺が発生した。以後カブラルと彼の党の地下活動が活発化していく。一九六三年一月二三日、ＰＡＩＧＣの武装闘争が開始し、一九六七年七月一六日より「解放放送」が開始した。一九七〇年にはアメリカ、ソ連、キューバ等を歴訪し、ローマ法王とも接見した。その後一九七一年に再びソ連を訪問し、アジスアベバでの第八回ＯＡＵ首脳会議にも参加している。一九七二年には同じくアジスアベバでの国連安保理に参加し、ポルトガル政府に対し、ギニアビサウ解放に向けての交渉開始を訴えた。しかしポルトガル政府は、カブラル逮捕を画策し、ついに翌一九七三年一月二〇日夜半、カブラルは隣国ギニア共和国の首都コナクリでテロリストに襲われ、暗殺された。しかしその翌年四月、ポルトガル本国でクーデタが発生し、九月一〇日、ポルトガルはついにギニアビサウ共和国を正式に承認することとなったのである。カブラルは死なない。思想としていき続けている。

二　カブラル以後の、緊迫する世界情勢

一方で、一九八九年から九〇年にかけて、ソ連・東欧の社会主義体制が、ベルリンの壁を打ち砕く市民たちの槌によって象徴されるように、音をたてて崩れた。その余震は、ユーゴスラヴィアやアルバニアに及んだ。他方、一九八六年六月ブラジルとメキシコを抜いて世界最大の

債務国に転じたアメリカで、一九九一年七月、行政管理予算局が「財政赤字が九一会計年度の二八二二億ドルから来年度は三四八三億ドルという空前の水準に達するとの予想を明らかにした」（一九九一年七月一七日付朝日新聞朝刊）。ベルリンの壁崩壊後、アメリカ経済も、瀕死の状態をさらけ出していった。当時のそのような世界情勢に対し、日本の経済は、イザナギ景気を抜く勢いをみせ、かつての高度成長期を彷彿させる様相を呈してはいた。崩壊過程に入ってひさしいパックス・ルッソ・アメリカーナは、ここへ来てパックス・ジャポニカにとって代えられつつあるかのようだった。アフリカは、いよいよ日本の猟場と化すのか、との懸念も垣間見られた。

ところで、かつてアメリカはいかにして二〇世紀世界に君臨するに至ったか。一九世紀末から第一次大戦期にかけて、それまで産業資本の先進国だったイギリスを抜き、金融資本の先進国として世界経済の覇権を獲得したアメリカは、大戦後、国内市場の弱体化に対処するべく独占化の進行と大量生産技術の発達による海外市場拡大の策に出るとともに、一九二九年大恐慌以後、国家が積極的に経済に介入するという、いわゆる修正資本主義政策を採用するに至った。この、ケインズ的な有効需要創出政策は、第二次対戦中における人工生産技術（ナイロンや人造ゴム等）の開発、電信技術・計算技術等エレクトロニクスの開発、原子力開発と結び付いて、一九四五年以後のアメリカにエネルギー多消費型産業構造と大衆消費社会を産み落とした。だがアメリカは、第二次大戦後ソ連・東欧に出現した社会主義勢力に対抗するため、西側諸国への度重なる、多大な経済軍事援助を強いられ、また引き続いて国内需要の拡大を追い求めるよう運命づけられ、ついに一九七〇年代に至りドルたれ流し現象、ドル・インフレを惹起した。また戦後アメリカの経済を支えて来た安価な石油供給政策も、一九七三年と一九七九年の二度にわたるオイル・ショックで破綻した。こうしてアメリカ経済は、アフリカを含む世界大での多国籍資本の展開にもかかわらず、エネルギー多消費型産業の行き詰まりとともに、窮地へと追いやられていったのである。

だがその間、経済的にピンチとなったアメリカを、結果的にではあれ側面から助ける行為に出た社会主義国がある。それはソ連である。この邦では、ブハーリンが『一経済学者のノート』(一九二八年九月『プラウダ』に掲載)で主張した「最も持続性のある速度は、急速に成長しつつある農業によって生み出された基盤の上に工業が発展するという結合によって得られる」の立場——アフリカ的ともいえる立場——を拒否して、むしろ重工業育成のための、あるいは外貨獲得のための農業集団化・農産物強制徴発を促進した。しかし、集団化は非能率的な農業システム(硬直した計画経済・劣悪なままの生産技術・ノルマ制度等)を残存させ、結果としてソ連の農業生産力は年々低下していった。ところが、一九六〇年代から七〇年代にかけてアメリカでは、生産の大規模化・合理化により農産物過剰生産の状態をきたしていた。一方に農業不振・食料不足の邦があって、他方に農産物過剰生産・価格暴落の邦がある。この二つの邦が身を寄せあって何の不思議があろう。

対日関係を筆頭にして、折から貿易収支の悪化に苦悩するアメリカは、背に腹はかえられなかった。食糧自給体制が崩れてしまっているソ連では、この際イデオロギーもへったくれもなかった。資本主義の冷酷な自由の神は、これ以上食べる者のいないアメリカの農民にそれでも食べ物を作らせて苦しめ、社会主義の残酷な平等の神は、これ以上飢えてはプガチョフにすがるしかないロシアの農民にそれでも豊作をもたらさない。どちらの神も当てにならないなら、米ソ両国は自前の理屈をしつらえて手を取り合うだけのことだ。こうして一九七二年、ソ連はアメリカから大量の食料買い付けを開始したのだった。いや、ソ連とアメリカばかりではない。世界的に異常気象の現象した一九七二年には、中国も、アメリカやカナダの小麦を数百万トンも買いつけた。この年をもって米ソの冷戦は事実上消滅したと言ってよかろう。この時、勝利の神はいなかったが、敗北しなかった神ならいる。なるほど〔国家の原理〕はボーダーレスの展開過程で威力を減じ始めたが、〔市場の原理〕の方は、米ソを貫いて、そのイドラトリ（物神）たる威厳を保持しきったのである。

それでも当時、〔市場原理〕の神は、日本には微笑みかけていた。一九六〇年代のアメリカが、第三世界の人びとの安価な労働力に依存して、そうした地域の労働集約型産業に資本投下して貧困を助長したのに対し、七〇年代以降の日本は、ドル・ショック後のドル安を見据え、なんと先進国中の先進国アメリカ市場への貿易拡大に乗り出したのだった。その際、バイオ・テクノロジー、ニュー・マテリアル等日本の技術革新は、従来のアメリカ型産業ではなく、いわゆる知識集約型産業の展開を促進し、対米貿易収支黒字を更新し続ける原動力となった。ここに、戦後の冷戦体制がイデオロギー色を拭い去って再登場してくる舞台装置が出来上がった。当時の見通しは以下のようだった、すなわち、一方で日本が、例えば振興工業経済（ＮＩＥＳ）諸国との間で部分的にそうしてきたように、ソ連との間でもハイ・テクノロジー開発の協力体制を築けば、日ソ両国間の親密度は、米ソ穀物協定の次元をはるかに凌ぐ。北方領土問題さえ政治的に決着すれば、日ソ間にもはやこれといった摩擦の種はない。他方ソ連国内では、ペレストロイカ〔ゴルバチョフ指導の経済改革〕後のサンクト・ペテルブルク風エリツィン体制のもと、対米穀物協定と対日ハイテク協定の恩恵にあずかる人びとの生活水準は日増しに向上していく。それに引き替え、日米関係は悪化の一途を辿る。その様相は、かつて満州侵略という共通利害を巡って生じた対立とは、次元を決定的に異にする。なぜなら、この期に及んで日本は、市場を獲得するについて、こともあろうにアメリカ本土を狙って着実に成果を獲得してきたからなのだ。アジア・アフリカ諸国は、そのような日本に対し、むしろ経済的援助を求めるようになっている。そのような見通しが真実味を得ていた。

こうして、パックス・ブリタニカ〔第一次世界大戦まで〕からパックス・アメリカーナ〔第二次世界大戦後〕へと続いた資本の世界制覇は、もしかしてパックス・ジャポニカへとバトンタッチするかもしれないと思われた。あるいは、一九九〇年に東西統一を果たしたドイツが、EC〔現EU〕といった狭い市場の方向でなく、これを脱退してでもソ連・東欧という、ひょっとして未だに一方的な特別剰余価値を期待できそうな広域市場にむかうことで、一時的に日独資本競合の時代に突入するかもしれないとも思われた。しかし、いずれの事態も生じなかった。

ところで、ソ連・東欧の社会主義体制崩壊後、アフリカの諸態勢はいったいどう動いてきたか。私なりの認識を述べると、一九九〇年代の日米経済対立、米ソ経済依存、東欧における政党の崩壊に見られる新たな特徴を観察して推測できることは、肝心かなめの〔市場の原理〕〔国家の原理〕が沈没し、あらためて〔社会の原理〕——カブラル的パースペクティヴでは〔文化の原理〕

――が浮上してくる方向に、世界社会の歩みがそのスピードを速めたということである。なるほどアフリカでも、一九九〇年代に至って、それまでマルクス・レーニン主義を国是としていたエティオピア・モザンビーク・アンゴラ・コンゴ・ベニンなどが一斉に複数政党制（西欧的国家原理）と市場経済への移行を決定した。しかし、この事態は世界情勢にとってもアフリカ情勢にとっても、なんら根本的な解決策とはならなかった。アフリカ統一機構（ＯＡＵ）議長のムセベニ・ウガンダ大統領はこう言った。「先進国はコンピューターづくり、アフリカはコーヒーづくり。でもコンピューター一台買うのにどれだけのコーヒーが必要か。この不公平がある限り、問題は解決しない」（一九九一年四月二四日付朝日新聞朝刊）。

アフリカ諸国が一党制を採用してきた目的の第一は、部族対立の回避だった。だがいまそれらのアフリカ諸国が、部族対立を休止して民主化を達成しようとするその最大の理由は、国際通貨基金（ＩＭＦ）・世界銀行からの融資をすこしでも自国に有利にとりつけんがためだった。先進国の経済援助を東欧でなくアフリカへ、というわけなのだ。しかし、その頼みの綱である先進サミット諸国が出口なしの袋小路にはいってしまった。例えば日本は、当時、ハイテク技術の独占的開発と社会的資源の輸出とを通じて最強の経済大国になりはした。しかしその反面、サウジアラビアについで世界第二の武器輸入国（一九九〇年度）であり、食糧輸入率でも世界のトップクラスだった。平和的存在のための最低条件を日々喪失しつつあったのである。そのような日本だからこそ、一九九一年六月に南アで最後のアパルトヘイト基本法が廃止されるや、政府は、南ア再生のためでなく日本企業生き残りを至上目的として、現地への経済介入を一挙に拡大しようとしたのだった。〔市場原理〕と〔国家原理〕とを基盤にしていては、アフリカは、いや世界のいずれの地域・社会にもせよ、普遍的な協同態勢は築けないのだった。上記二つの原理と次元を異にした原理が、いま切に求められた。そのような新たな原理、いうなれば〔文化の原理〕ないし〔社会の原理〕獲得にとって示唆的といえる理論と実績を前もって展開したのが、アミルカル・カブラルなのである。その時彼は、ギニアビサウのカブラルでなく、アフリカのカブラルでさえなく、全世界を根底から揺るがす思想家・歴史家・革命家として再登場したことになる。

三　カブラル思想の衝撃

一九八〇年、ハイネマン社（ロンドン・ナイロビ・イバダン）から出版されたカブラルの著作・講演集 *Unity and Struggle, Texts selected by the PAIGC*, tr. by Michael Wolfers に序論としてカブラルの略伝が載っている。Mario de Andrade と署名されたその小文に、次のことばがある。「アフリカにおいて、カブラルの名はすでに、おのずと、エンクルマやルムンバの名と結びついている。実際、革命的アフリカの悲劇的な歴史の中で、その指導者たちの多くがほんのかすかな記憶に漂うだけなのに、この偉大な三人物は、議論の余地なく、際立っている。思索の人クワメ・エンクルマ、信念に殉ずる人パトリス・ルムンバ、そして統一する人アミルカル・カブラル」。

この著作集が出版されたのと同年、日本でも一冊のカブラル著作集が出版された。白石顕二・正木爽・岸和田仁共訳の『アフリカ革命と文化』（亜紀書房）である。その訳者解説（本書第一章）

中に、次のことばがある。「アフリカ革命に対するわれわれの理解は、決定的に遅れていたのではなかろうか。アフリカ革命といえば、第三世界に関心をもつ人びとからは、アルジェリア民族解放闘争のフランツ・ファノンの名前が出てくることは想像に難くない。しかしファノンは秀れたアフリカ革命の思想家であっても、革命を創造するもっとも困難な闘争を組織し、指導した実践家であったとはいい難い。カブラルは、理論と実践を見事に統一した、稀有な革命家であったといえる」。

右の二著作が刊行されたのは、カブラル暗殺（一九七三年一月二〇日夜）から七年後だが、暗殺の前年、当時わが邦で刊行されていた雑誌『人間として』第九号（一九七二年三月、筑摩書房）に、「ギニアの革命」と題してカブラルの翻訳（「ギニアの社会構造についての簡単な分析」の訳、海辺ゆき訳）が載ったが、その訳者解説に、次のことばがある。「しかしながら、カブラルの分析は、ギニアだけにとらわれていず、一九六六年ハバナで行われた三大陸会議での演説で（「理論という武器」）、彼は革命理論に重要な貢献をしている。そこで彼は、ある特定の歴史階段での階級闘争の中心的役割を認めたうえで、階級闘争の決定的要因の検証にまで及び、歴史の真の推進力は生産様式であると結論し、さまざまな形をとる帝国主義の明確な分析を行い、ついに彼は低開発国の解放闘争における革命的ブルジョアジーの矛盾した役割にまで議論をすすめる。この演説は、革命思想家としてのカブラルを示す重要なものであろう」。

かようにカブラルは、ギニアを含むアフリカ全土の解放闘争にとって、途轍もない巨人であった。それだけにポルトガル帝国主義・植民地主義は、一九七二年末、クレスポ海軍大臣・ゴメス秘密政治警察・スピノラ将軍の三者協議によって、カブラル逮捕を決定し、翌年一月には暗殺が実行されたのである。だが、カブラルのアフリカ革命思想は、消し去られることはない。アパルトヘイト体制が解体してこれからいったい何を築くのかと、南部アフリカをみつめる全アフリカの人びとにとって、カブラル理論は日に日に、重要性を増している。それは、一九八〇年一一月一四日にギニアビサウでビエイラ首相派のクーデタが生じ、大統領ルイス・カブラル（アミルカルの弟）が失脚したのちも、当然言い当たるのである。

では、そのようなカブラル思想の核心に当たることばは何か。それは文化である。そしてまた、この文化の発現の源として人民と森である。カブラルには、文化というのは、アフリカ人民のアイデンティティとディグニティに深く関わるものであって、それは闘争によって生まれ、また闘争そのものを引っ張っていくという規定があるほか、闘争そのものをまもり、発展させるものとして、森の思想がある。それからまた、カブラルには、自分たちのアフリカ的なものをまもるには、パラドキシカルに思えるけれども、現時点で明らかにアフリカ以上に進んだものであれば、ヨーロッパのものであろうとそれを積極的に取り込もう、という発想がある。彼は、アフリカには、森にはよいものとわるいものがあると考え、そのうちのよいものをいつまでもとっておきたいが故に、都市の、あるいはヨーロッパの方に備わるよいものを取り入れるんだ、こう考える。そこにおいて主軸になっているのは森であって、究極的に森を進歩させるために都市のもの、ヨーロッパのものをどんどん入れていこうと考える。非科学的なアフリカ民衆に対し、議論としてはつねに最新のものを総動員して指導する。このあたりのカブラルの力量は物凄い。衝撃ですらある。では、以下において、本書各章の概略を前もって紹介する。

第1章「カブラルとアフリカ革命」

白石顕二の執筆になる本文には、以下の小見出しがついている。「まぎれもない人間」として、二つの革命――ギニアとポルトガル、〈ひとりのアフリカ人〉として、民族解放闘争の組織化、新しい社会の基盤＝解放区、フラッグ・インデペンデンスをこえて、解放闘争と文化、カブラルと我々。この八項目を一瞥しただけで、カブラルの個性がアフリカ文化とアフリカ解放闘争によって耕されていることが推察される。そのことを見抜いていた白石は、一九八〇年、本章の初出本である『アフリカ革命と文化』の「あとがき」で、以下のように記していた。

革命は政治的独立でもって終結するわけではなく、独立後の状況にこそ、われわれはより関心をもち続ける必要があるのではなかろうか。

カブラルは暗殺され、アフリカの大地に眠っているが、その理論と実践を継承する人びとは、われわれの見えない世界で、今日なお活動し続けているはずだ。

死後二〇年経過したファノンの著作が、いまなお、第三世界で、そして日本、アメリカ、ヨーロッパで読まれている以上、同時代人カブラルの思想が、アフリカ全大陸で理解され、アフリカ以外の地の人びとに、アフリカの現実認識への蒙を啓かせていると考えても不思議ではない。

ファノンとカブラル、といった比較が問題となるのではない。被抑圧の民族、人民が自らの解放を目指すとき、ファノンもカブラルも批判的に摂取していかざるをえないのである。批判的という意味は、教条主義、迎合主義、追随主義から自由であることだ。そうでなければ、カブラルを信仰の対象へと祭り上げてしまうことになる。

そして、アフリカの解放、革命にかかわり合った、あるいは現にかかわり合っている人びとは、ファノンやカブラルだけでなく、もっと数多くの、われわれの視界からしばしば抜け落ちてしまっている人びとなのである。

カイロからケープタウンまで、ダカールからタナタリブまで、アフリカ大陸の多様な世界のなかで、解放闘争を担う人びとの現実を、われわれが理解できる想像力をもたないかぎり、カブラルとファノン、あるいはエンクルマとニエレレ、セク・トゥーレとルムンバ、マンデラとビーコウ、等々の比較評価、紹介をもってこと足れりとしてしまう傾向に陥らざるをえないだろう。

カブラルへの理解を契機に、アフリカの現実世界とわれわれの世界を切り離して考えることなく、ひとつの世界、世界史のなかでとらえていくことを深く願うものである。

第2章「〔プロムナード討論〕カブラルのアフリカ革命論」

本対談は、一九八五年一一月一〇日に埼玉県浦和市（当時）の拙宅で行なわれた。そのころ雑誌『クリティーク』（青弓社）の編集を担当していた私は、同誌第三号（一九八六年四月）の特集「アフリカの文化と革命――カブラル」において、アフリカ文化研究者の白石顕二に最大限の協力を戴いた。その一つに、同特集に収録するカブラル関係記事をめぐる私との対談があった。カブラル作品を美術品にたとえ、それを展示する美術館のプロムナードをめぐる二人のおしゃべりという設定にした。そのうえで、マックレスター「カブラルの政治思想」、A・カブラル「闘争とかかわりあって」、A・カブラル「エンクルマへの追悼」、A・カブラル「文化と抵抗」の各論につき第一に要約を載せ、続いて〈プロムナード討論〉と題して解説を兼ねた討論を行なったのである。しかし、特集記事に与えられた紙幅の都合で、最終的にこの討論は割愛し、いずれ白石・石塚がカブラル関連の共著を刊行するようなことがあればその際に公表しよう、ということで両者合意した。

第3章「カブラルのデクラッセ論とギニアビサウの現実」

ここではまず、アフリカ解放は黒人プロレタリアート創出にかかるという近代主義化したマルクス主義への批判を問題にする。ギニアビサウのアフリカ的現実はマルクス主義的発展段階説を否応に変革する。プロレタリアートなきギニア社会における、フラッグ・インディペンデンスを越える解放がいかにして可能か。自らの災禍の源泉を知った者であり、都市と農村とを結び付け、かつギニアビサウが一流の帝国主義国・英仏でなく三流のポルトガルに搾取された結果生じた特有の社会状態であることを適確に認識しえた者たるデクラッセ。彼らは、肥え太った先進国労働者の代用ではない。アフリカ社会ではむしろプロレタリアートは、その形成過程ではやくも反革命的である。識字率一パーセントの強み、すなわち、肌によるアフリカ文化の吸収が文字によるヨーロッパ文化からの悪影響を抑えた。

第4章「カブラルのプチ・ブルジョア論とアフリカ文化」

カブラルにとって優れた文化とは、ただそれのみという固有性のなかに普遍的なものを体現する、そのような価値を有する文化、〈絶対的文化〉である。他との比較における優劣でなく、人類に普遍的と評価されることがらと一民族に固有と評価されることがらとの双方不可欠なものの体現度を見ての一文化内的な優劣。この絶対的文化の担い手は、非近代人——非であって前ではない——たるギニア民衆だが、彼らは無条件に担い手として存在するわけではない。革命主体は闘争がつくり出す。民族解放の目標を達成するために、ギニアビサウの買弁的・寄生的プチ・ブルジョワジーが採りうる道は唯一つ、自らをそのような社会的政治的存在としては否定すること、階級的に自殺することである。

第5章「〈精神の再アフリカ人化〉を求める抵抗の諸形態」

ギニアビサウには、フェティシュと石器の世界に生き続けるバランテ人に代表される無国家社会ないし水平社会があって、またフラ人に代表される半封建的な農村社会があって、さらには、ビサウ等の諸都市でヨーロッパの影響を多大に被った住民(プチ・ブル、賃金労働者、デクラッセ)がいる。その際カブラルは、ギニア解放の必要条件の一つとして、バランテ社会をその現状のまま、そこを現実的出発点とする。まずはフェティシュを携えたままポルトガル兵とたたかわせる。彼らをブルジョワ革命とか資本主義国家建設とかに向かわせるのは論外であり、また打倒すべきは帝国主義としてのポルトガルではなく、植民地主義としてのポルトガルでなければならない。本章では、いったんカブラルから離れ、母権と無政府によって特徴づけられるアフリカ社会、バランテ的社会の一側面を強調する。

第6章「母権と無政府——アフリカ平等主義を考える」

ギニアビサウには、フェティシュと石器の世界に生き続けるバランテ人に代表される無国家社会ないし水平社会があって、またフラ人に代表される半封建的な農村社会があって、さらには、ビサウ等の諸都市でヨーロッパの影響を多大に被った住民(プチ・ブル、賃金労働者、デクラッセ)がいる。その際カブラルは、ギニア解放の必要条件の一つとして、バランテ社会をその現状のまま、そこを現実的出発点とする。まずはフェティシュを携えたままポルトガル兵とたたかわせる。彼らをブルジョワ革命とか資本主義国家建設とかに向かわせるのは論外であり、また打倒すべきは帝国主義としてのポルトガルではなく、植民地主義としてのポルトガルでなければならない。本章では、いったんカブラルから離れ、母権と無政府によって特徴づけられるアフリカ社会、バランテ的社会の一側面を強調する。

第7章「ウジャマァ社会主義とクリエンテス資本主義」

ギニアビサウの社会組織をつぶさに調査したカブラルは、そこにたとえバランテ人のごとき水平社会に生きる人びとを発見したからといって、けっして原始賛美に陥ることはなかった。レトリックとしてそのような虚言を吐くこともなかった。昔からかわらないアフリカ社会などと、純朴・無垢を力説して、現実の何をいったいどのように動かせよう。イギリス人が二百年以上の長きにわたって黒人奴隷貿易を続けられたのは、それに呼応するアフリカ内部の奴隷狩りが組織的・部族間的に存続したからこそなのだ。にもかかわらず、アフリカ社会には幾千年と悠久の平等的博愛的秩序が存続してきたとし、ヨーロッパ勢力が人為的な国家組織をアフリカに持ち込むことによって、その状態が破壊されてしまったのだと説くアフリカ人政治家はあとを絶たない。彼らの多くは、ヨーロッパ人侵入以前の無垢なアフリカ回復を政治スローガンにする。だが、なかにはタンザニアのニエレレのように、かつて確かに存在したアフリカ平等主義を歴史的にしかと評価したうえで、原始回帰でなく第二次世界大戦後の社会・経済的たかみの上に、この平等主義を実現しようとした政治家もあった。本章はカブラル論から少しずれ、ニエレレのウジャマァ社会主義を検討する。もってカブラル思想理解の一助とする。

（石塚正英）

第1章

カブラルとアフリカ革命

一　「まぎれもない人間」として

――ガーナにおける裏切りは、コンゴやアフリカの他地域における裏切りと同様、積極的な側面をもっています。それは、アフリカ人もまた、まぎれもない人間であることを示したことです。（一九七二年二月、故エンクルマ追悼演説）

アミルカル・カブラル（一九二四～一九七三）は、西アフリカの小国ギニアビサウ、カボベルデにおける民族解放闘争を指導した革命家であり、ギニア・カボベルデ・アフリカ人独立党（以下ＰＡＩＧＣと略称）の創設者であり、書記長であった。

数多くの秀れた第三世界の民族解放闘争の指導者と同様に、カブラルもまた、その解放の栄光に浴することなく、一九七三年一月二〇日、暗殺者の銃弾にたおれた。

これはギニアとカボベルデの独立を否定し続けたポルトガル植民地主義が放った最後の手段だった。カブラルという最高指導者を暗殺すればＰＡＩＧＣが崩壊し、植民地支配を継続できるとポルトガルは考えたのである。だが、それは大きな誤りだった。ギニアの解放闘争は、すでに一指導者の死でもって後退するような地平にはなかった。カブラル暗殺から半年後の一九七三年九月、ギニアビサウは国家独立を宣言し、人民の共和国として社会主義への道を歩み始めた。カブラルに続き、そしてカブラルの屍を越えて、ギニアの民衆は前進している。

アフリカの解放闘争の中で斃れた自由の戦士《フリーダム・ファイター》は、カブラルやモザンビークのモンドラーネのような指導者たちにとどまらない。指導者一人の死の背後には、無数の無名の戦士、民衆の死が横たわっている。

カブラルは今、幾多の自由の戦士、民衆とともに、母なるアフリカの大地に眠る。しかし、カブラルはその暗殺一年前に、故エンクルマ追悼演説で、次のように語っていた。

「私たちアフリカ人は、死者は私たちの傍で生き続けていると固く信じています。私たちの社会は死者と生者からなる社会なのです」。

カブラルは現存のアフリカ人とともに、なお生き続けているのだ。彼らの宇宙観ばかりではなく、第三世界における解放闘争の偉大な歴史の中にも。

故エンクルマ追悼演説で、カブラルはいみじくもアフリカにおける裏切りについて述べた。当のカブラル自身、一年後、ポルトガル植民地主義の走狗となった元ＰＡＩＧＣ党員の手で暗殺されるのだが——。

「だが同志のみなさん、裏切りもまた忠誠と同様に、人間の所為なのです。ガーナにおける裏切りは、コンゴやアフリカの他地域における裏切りと同様、積極的な側面をもっています。それは、アフリカ人もまた、まぎれもない人間であることを示したことです。そして、この具体例では、この裏切りがエンクルマという政治的巨人の真実の姿をよりよく把握させるし、それをいっそう不朽のものとさせるのです」（傍点引用者）。

ここで、私は、カブラルの「アフリカ人もまた、まぎれもない人間」という表現に込められた情念を、十分にうけとめることができるだろうかと自問したい。私はこの表現の中に、カブラルを「よりよく把握させる」ものが見事に含意されていると思うのだ。つまりこうだ。

アフリカ人が「人間」としてみなされなかったヨーロッパ主導の「近代」世界史のコインの表側は、ヨーロッパの資本主義化であり、市民社会の成立であった。また、その世界史のコインの裏側にあったのは、アフリカ人の奴隷化と植民地化であった。アフリカ人は、ヨーロッパの「近代」の開始とともに、故郷の大地から切り離され、奴隷化され、人間商品として売買され、その社会は崩壊させられるか畸型化された。さらに、奴隷廃止以後の植民地支配のなかでも人間としての尊厳を否定され、その固有の歴史を、言語を、文化を奪われた。ヨーロッパ帝国主義、植民地主義の軛につながれ、固有の文化価値を否定し、白い仮面をもつ黒い皮膚の人間に仕立てあげる教育をうけざるをえなかった。

コインの裏側の世界は「暗黒」であるとして、搾取され、差別され、抑圧されてきた。コインの表側は「文明」であり、裏側は、「未開・野蛮」であった。人間としての価値は「文明人」にあり、「野蛮・未開人」にはなかった。これが、「近代」のつくりだした支配と抑圧のイデオロギーであった。

カブラルは、アフリカの被抑圧民衆が真に解放されることは、たんなる政治的独立ではなく、社会的存在としての人間を物質的、精神的に縛りつけるものを否定し、克服することであると考えていた。したがって、「まぎれもない人間」であるためにはそれを否定する植民地主義、そのイデオロギーを生み出した「近代」そのものとの対決につき進まざるをえない。カブラルが生涯をかけて闘ったポルトガル植民地主義が、ヨーロッパ「近代」を切り開いた最初の海洋帝国であり、そして最後の植民地帝国であったことは忘れられるべきではない。五世紀に及ぶポルトガルのアフリカ植民地支配の歴史の中には、ヨーロッパ世界と第三世界の歴史が縮図の如く塗り込められているといってよい。ポルトガル植民地主義を、その根底から否定することは、アフリカ人の歴史を奪い去り、人間としての存在を否定したヨーロッパ主導の「近代」なるものの総批判へとつき進まざるをえない思想的契機を内包しているのである。

二　二つの革命——ギニアとポルトガル

——我々は、ポルトガル植民地主義の掃蕩が、ポルトガル・ファシズムの崩壊を引き起こすと確信している。（一九六一年）

カブラルが闘った相手のポルトガルは、その近代史をみれば植民地支配の歴史であり、現代史をみればファシズム支配の歴史であった。そして、カブラルが生き、闘い、斃れた半世紀間は奇しくもポルトガル・ファシズムの生成、発展、没落の歴史と軌を一にしている。

独裁者として三六年間ポルトガルを支配したアントニオ・サラザール（一八八九—一九七〇）は、一九三三年に首相となっている。サラザールは、同年、新憲法を発布し、ポルトガル領植民地支配の政治的枠組をつくり、内にファシズム、外に植民地主義のサラザール体制を確立した。第二次大戦後もこの体制は続き、一九七四年の革命で崩壊する。

ポルトガル・ファシズムの基盤は、地主・教会・軍隊であったといわれる。一九五〇年の段階で、第一次産業は全産業の約五〇パーセントを占め、五パーセントの地主が全可耕地面積を占め、この大土地所有制にもとづく農業がポルトガルの経済基盤であった。これは比較的工業の発達していた北部と比べて、南部の顕著な特色であった。そして、この農民たちはカトリックを信仰し、精神的には教会の権威に、政治的には国家権力に従順であるように仕向けられた。だが、そのために彼らにたいして教育の機会が与えられたわけではない。全児童に義務教育が行なわれるのは一九六〇年代に入ってからであり、今日なお三〇パーセントの国民は非識字なのだ。大地主に縛りつけられ、無知蒙昧のまま教会の権威に従う農民たちが、ファシズムの根幹を形成していた。一方、秘密政治警察（ＰＩＤＥ）による反政府勢力への徹底的な弾圧と、事実上の一党独裁の政治体制が、サラザールに暴力的支配を可能としていた。

このポルトガルを、カブラルは、西ヨーロッパでもっとも遅れた国であり、おもちゃの飛行機さえ生産できない低開発国であると指摘している。そして、ポルトガルが真の意味で所有する植民地は、ギニアビサウとカボベルデだけにすぎないとも。ポルトガル本国には、植民地収奪でもって自国の経済発展を図り、その繁栄を謳歌する構造（新植民地主義的支配）をつくりあげる能力さえなかった。「ギニアとカボベルデは非常に貧しく、気候もよくないのだが、この土地こそがポルトガルの唯一の植民地なのだ。アンゴラ、モザンビークの人民にとって、ポルトガル人とは、主として警察官であり、税金徴収人なのだ」（カブラル）。アンゴラ、モザンビークの豊かな植民地の富は、ポルトガルに還元されず、西ヨーロッパと北アメリカの帝国主義諸国に流出していったのである。

　したがって、ギニアビサウをはじめ、モザンビーク、アンゴラにおける三つの植民地戦争を自力で遂行できる力は、ポルトガルにはなかった。一九六一年のアンゴラ農民の反乱以来、ポルトガルがアフリカ植民地での不毛な戦争を十数年間続けることができたのは、カブラルが繰り返し指摘しているように、欧米帝国主義勢力および南アフリカ亜帝国主義からの軍事的経済的援助があったからなのだ。

　このポルトガル植民地戦争に守るべき大義はなかった。世界の世論がアメリカのベトナム侵略戦争に注目しているあいだ、ポルトガルはアフリカ人農民を虐殺し、農村へナパーム弾を撃ち込んでいた。ギニアの戦場へ投入されたポルトガル兵士は、最大時三万人をこえた。人口一〇〇万人足らずの小国に、三万人もの兵士を投入したのである。これはアメリカがベトナムに投入した兵力に匹敵する比率といわれている。三つの植民地戦争のためポルトガルは国家予算の四割にのぼる歳出を当てていたのである。

　にもかかわらず、ポルトガルはギニアというアフリカの小国での戦争に勝利できなかった。一九六八年、ギニア総督に就任したスピノラ将軍が、軍事的勝利を不可能とし、政治的解決を唱え、「よりよきギニア」政策を打ち出したのも、当然のことであった。だが、ギニアでの戦争にポルトガルが、軍事的、政治的、精神的にも破れていたことは、アフリカ人ゲリラ兵士との戦いの最前線にあった、低開発国出身のポルトガル兵士がいちばんよく知っていた。

　このギニアビサウの地から、一九七四年、ポルトガル本国のファシズム体制打倒の「花咲く革命」の主体となった国軍運動（ＭＡＦ）が生まれている。つまり、植民地戦争の敗北という歴史的帰結は、本国における革命となった。植民地の解放が本国の解放とつながる契機が、このギニアビサウの戦場に胚胎していたのである。それはいったい何であったのか。ポルトガル国軍運動の一若手将校は次のように語っている。

「おそらく、ギニアビサウの戦場が、もっとも悲惨で、出口のない地獄だったからです。一三年の戦争を戦っているうちに、我々は、解放軍の農民兵とポルトガル農民の運命に共通するものを認識するようになりました。

アフリカ草原の農民も不幸ですが、読み書きもできず、水も電気も下水も墓場さえもたないポルトガルの農民も、ここより幸福ではありません。ＰＡＩＧＣの指導者アミルカル・カブラルは、彼らの解放区に学校と病院をつくり、ポルトガル語の教本をあたえて、敵性のことばを第二の国語に採用して兵士と子どもたちに勉強させました。それは、サラザールがポルトガル市民のためにさえ、してやらなかったことです。若い将校たちは、解放区の実情を知るにつれて、戦争は敗れた、我々はなんのために戦争をやっているのかと疑問をいだくにいたりました。戦争の最後の段階では、我々は解放軍のＰＡＩＧＣに対するよりも、旧体制にいっそうの憎悪をぶつけるようになります。結末はごぞんじのとおりです……」（藤村信「ポルトガル――革命の船出」『世界』、一九七五年四月号）。

この若手将校の発言の中に、ギニアの解放闘争が、ポルトガル人兵士の意識覚醒を鋭く迫り、自国の現実を変革する方向へ歩ませる思想的、実践的契機となったことを私たちは知る。まさしく、植民地の解放が本国の革命を招来したのである。

カブラルは、武装闘争開始（一九六三年）以前から、ポルトガル植民地主義の崩壊が、ファシズム体制の崩壊につながると確信し、植民地主義打倒の闘いがファシズムに抑圧されたポルトガル人民に対する最大の連帯の証しであると言明していた。

しかし、カブラルはまた、ファシズムの没落がそのまま植民地主義の終末とはならず、新植民地主義へ転換する可能性もあることを認識していた。一九七四年のポルトガル革命で、最高実権を握ろうとしたスピノラ将軍（カブラル暗殺の主謀者）は、新植民地主義路線を目指す人物であった。だが、彼はポルトガル革命の急進化のなかで没落していった。

ギニアの革命の実践とカブラルについて触れなければならない。

三 〈ひとりのアフリカ人〉として

――人びとは、私が偉大な革命家であるといってきたが、そうではない。私は時代の要請のなかで、祖国で自分自身の義務を果してきたひとりのアフリカ人にすぎない。（一九七一年）

アミルカル・カブラルはいうまでもなく生まれながらの革命家ではなかった。カブラルはギニアの解放闘争を身をもって実践するなかで革命家へと転生した。プチ・ブルジョワ出身のカブラルが、いかにして自分をアフリカ人として発見し、反乱者から革命家へと自己変革をとげていったかは、アフリカ人知識人のひとつのドラマである。カブラルの生涯は大きく、ポルトガル留学の時代、帰国後の解放闘争の準備の時代、武装闘争の時代の三つに区分できる。

カブラルは一九二四年、ギニアビサウ第二の都市バファタで生まれた。父親はカボベルデ出身の学校教師であり、初・中等教育は父の故郷でうけた。のち、カボベルデ諸島の首都プライアで働くが、第二次世界大戦後、リスボン留学の機会をえた。学校での成績は抜群であったというが、留学生になれたのは大変なラッキーであったにちがいない。（実際、一九六一年以前の、ギニアビサウのアフリカ人大学卒業生は、たった一四人しかいない。）

カブラルはリスボン大学で、農業工学、農業経済を学んだが、当時のリスボンには、アフリカ各地からアフリカ人留学生が集まっていた。この時期にカブラルが出会ったアフリカ人留学生には、アンゴラ出身のマリオ・ド・アンドラーデ、ビリアト・ダ・クルス、アゴスティニョ・ネトー、ギニア湾上の小島サントメ出身の女性アルダ・エスピリト・サント、モザンビーク出身のドス・サントスなどがいた。いずれものちに、民族解放闘争に身を投じた人びとである。

まさしく、当時のリスボンは、ポルトガル領アフリカ解放闘争の序幕にふさわしい舞台であった。だが繰り返すまでもなく、彼らは最初から意識の覚醒者であったわけではない。

当時のアンゴラ留学生ジョゼ・チペンダによれば、これらのアフリカ人留学生たちは「ポルトガルとの同化によって、より良きポルトガル人になることが希望だった」という。

「だが、ポルトガル人と自分自身を比較していくうちに、自分たちの位置を知るようになった。

彼らは自分たちが、アフリカ人であることを知るようになった。この自覚化のプロセスは緩慢なものであったが、彼らはお互いに理解し合い、多くのものを学んでいった」（一九七五年、東京におけるチペンダの回想）。

このアフリカ人としての自覚、アフリカ人としての自己の再発見に大きな影響を与えたのが、ネグリチュード、パン・アフリカニズム、ジョルジュ・アマードらのブラジル北部の文化運動だったという。

この時代にカブラルは二つの文化運動にかかわっている。そのひとつが、〈アンゴラを発見しよう〉運動で、カブラル、アンドラーデ、ダ・クルスの三人が創設者だった。アンドラーデによれば「この運動は、西欧の文化的諸価値を過大に崇拝することに反対した」。そして、「……アンゴラをあらゆる面で、また集団的な、組織化された労働を通じて〝再発見〟するよう青年たちを督励した。創造的な仕事をする人びとには、人民のための創造を勧めた。……そこでは、植民地エキゾチズムの渇きを満たすためではなく、民衆の関心と真のアフリカ的性格を表明することが要求された。しかも、これら全部は、美意識、知性、意志、アフリカ的理性にのっとっていなければならなかった」（アンドラーデ「植民地主義、文化と革命」、『トリコンチネンタル』誌、一九六九年七・八月号）。

アフリカ人留学生のアフリカ人としての意識の目覚めは、一九五〇年代になってさらに尖鋭な意識をもつ運動へと発展し、「アフリカ研究センター」が創立されていく。カブラルがネトー、アンドラーデらとともに始めたこの運動は、「政治のこともあるが、主として言語、人類学、文学などについて議論していた」(前出チペンダの回想)。運動のリーダーはネトーであったようだが、アンドラーデはのちにこの運動の目的を次のように書いている。

「ポルトガル人の黒人観に対抗して、民族肯定の道をしめすことが必要であるという鋭い意識をもった。……この集団は、最初から抑圧の世界に属する自覚を理性化すること、大陸の文化的基盤の分析という間接的な方法で民族意識をよびおこすことを目的としていた」(アンドラーデ「ポルトガル語による文学表現」、『アフリカを学ぶ雑誌a』No3・4号)。

研究センターは設立二年ほどで、ネトーらの逮捕のために消滅した。

カブラルは、のちに、この時代をポルトガル植民地主義に反対する闘争を特徴づける、きわめて重要な時期だったと総括している。また、さらに重要なこととして、アフリカ人留学生たちが祖国へ貢献できる手段をもって、人民に奉仕しうる共通の方法を考えつつ、アフリカの故郷に帰れたことを、カブラルはあげている。

カブラルは七年間に及ぶリスボン生活に別れを告げて、ギニアビサウへ戻る。

＊

一九五二年までのポルトガル滞在をカブラルにおける〈精神の再アフリカ人化〉の覚醒期とすれば、一九五二年以降の一〇年間は、ギニアビサウの現実を肌身に知り、民族解放戦争の準備を進める時期であったといえる。

ギニアビサウへ戻ったカブラルは、植民地政府に職をえる。そして、一九五二〜五四年には、農業技師としてギニア全土の調査旅行をしている。これは全国的な農業統計を作成するための調査であり、この農村調査を通じカブラルは自国の人民の現実をはっきり認識することができた。このときの経験が、のちにギニアビサウの解放闘争を組織化していくうえで大きく役立つことになる。

カブラルが政治的運動に関与してくるのは一九五四年の〈スポーツクラブ〉創設運動だ。これは非政治的な余暇サークル的組織であったにもかかわらず、植民地当局によって即刻禁止されてしまう。この結果、カブラルはギニア総督から国外退去か逮捕かを迫られ、アンゴラへむかった。

ポルトガル領アフリカでは一切の政治的活動が禁止され、独立運動は封殺されていた。だが、この一九五四年を第三世界の歴史の中でみれば、ディエン・ビエン・フーにおけるベトナム人民の勝利、アルジェリア民族解放戦線による武装反乱の開始があり、翌一九五五年には、インドネシアのバンドンでアジア・アフリカ諸国の会議が開かれ、アフリカ各地における独立運動が燎原の火の如く広まっていった時期である。ポルトガル領アフリカも、こうした第三世界の歴史的前進と無関係ではありえなかった。

一九五六年九月一九日、カブラルらはビサウで秘密の会議を開き、ギニア・カボベルデ・アフリカ人独立党（ＰＡＩＧＣ）を結成する。この時点で、カブラルらはまだ平和的な独立達成に期待をかけていた。少なくとも革命の意思をもって党を結成したわけではなさそうだ。イギリス人アフリカ研究者バジル・デビドソンは、「彼らの初期の目標は、進歩的変換、改革、権利の平等」であって、この段階ではまだ「反乱者」であっても「革命家」ではなかったと評価している（野間寛二郎訳『ギニアの解放＝アフリカ革命』理論社、一九七〇年）。

ＰＡＩＧＣは、ポルトガル植民地当局の弾圧が苛酷になってきた時点にあっても、なお平和的手段による独立獲得の道を模索していた。これが不可能と認められたとき、カブラルらは武器をとって戦う決意を固め、社会の根本的変革と、植民地支配からの解放を志向する革命家へ転生していった。ポルトガルはけっして独立を与えようとしなかったのである。

ＰＡＩＧＣ結成の三年後、ギニアビサウの解放闘争に決定的な転回点が訪れる。一九五九年八月三日、首都ビサウの港湾労働者が賃上げを要求するストライキを敢行した。ピジギチ・ドックに集まったアフリカ人は、当局の銃撃にさらされ、約二〇分間に死者五〇余名、負傷者一五〇名以上にのぼる〔虐殺〕が起こった。〔ピジギチの虐殺〕である。

カブラルは、この事件に衝撃をうけ、のちに「それは厳しい、決定的な時期であった。なぜなら、党が誤った路線をとり、経験もないことが明らかになったからである」と語るとともに、「経験不足から、我々はストライキやその他の手段でもって、都市で闘いうると思っていたが、それは誤りだった。その時点での現実は、それが不可能であることを我々に教えたのである」と自己批判している。

ＰＡＩＧＣは〔ピジギチ虐殺〕の一ヶ月後、拡大党会議を開き、過去三年間の活動総括と政治情勢の分析を行ない、そして、

「ピジギチの経験と、ポルトガル植民地主義の性格にかんがみ、国を解放する唯一の道は、戦争をふくむあらゆる可能な手段による闘争を通じてである」（デビドソン前掲書）

と結論した。具体的には、闘争の主体となる農民大衆の動員、組織化への着手を決定する。彼

らは都市を離れ、闘争の心臓部たる農村へとむかっていくことになる。

これはギニアの解放闘争を特徴づける大きな転換であった。被抑圧の意識に目覚めたプチ・ブルジョワが、一部の都市の先進的部分による独立運動から、真の独立が全人民大衆の解放以外にないことを認識し、民衆の圧倒的多数を占める農民を動員して、農村を基盤とする闘争へと転換していったのである。つまり都市から農村へ、中心部から辺境へと退却していくなかから、解放の主体と根拠地を形成していく。

四　民族解放闘争の組織化

――政治的水準で、他国の現実がどんなに素晴しく、魅力的にみえようとも、わが国の現実は、それに関する具体的な知識、我々の努力、我々自身の犠牲によってのみ変革される……。（一九六八年）

さて、カブラルとＰＡＩＧＣは、都市での闘争による独立獲得の路線から、農村での農民動員を通じての解放へと進んでいくのだが、ギニアの農民といっても一様ではなく、人口の圧倒的多数を占める農村の支持をうけ、闘争へ組織化していくことは、言葉のうえではともかく、容易なことではない。実際、農民を説得し、闘いに立ち上がらせるのは困難な仕事であったにちがいない。

ギニアビサウと大西洋上のカボベルデ諸島は、アフリカ大陸のなかでも小国であり、大陸側のギニアビサウの面積は日本の九州程度の広さであり、人口も二地域合わせて一〇〇万人程度である。主たる産業は農業で、住民の圧倒的多数は農民であった。ブルジョワジーもプロレタリアートも存在せず、しかも民衆の九九パーセントは非識字であり、森林と湿地帯とサバンナの国土であった。植民地支配機構に必要な少数のプチ・ブルジョワがいただけである。さらに、ギニアビサウは、アンゴラ、モザンビーク、カボベルデと異なり、土地を収奪された経験をもたない。つまり、商業植民地として支配されたために、農民は植民地主義の搾取のメカニズムを理解できず、なおかつ、ポルトガルの政治、経済、文化的影響も沿岸部と都市部にとどまっていたため、一般に保守的意識が強かった。

この所与の社会的諸条件のなかで、ＰＡＩＧＣはどのような方向に活路を見出していったのだろうか。ギニアビサウの解放闘争をルポしたフランス人ジャーナリスト、ジェラール・シャリアンはその『アフリカの武装闘争』（一九六七年、パリ・マスペロ社）のなかで、次のように問題を提起している。

「貧農とプロレタリアートに支持されなければならないというだけでは不十分である。客観的、主体的根拠から、住民のなかで敏感で動員可能な部分が誰れであるかを、さらに知らなければならない。革命理論の一般公式と自らの条件を比較しただけでは不十分であり、固有の現実の特殊な性格をみきわめることができるかどうかが重要である」。

「貧農が自然発生的に、また急激に革命勢力の側に味方するように導かれるなどということは、けっして確実なことではない。一定の『制約』が存在する。『制約』をうけなければならなくなる前に、所与の条件のなかで、これを見きわめることが問題だ」(邦訳は、雑誌『世界革命運動情報』レボルト社、一九七一年一二号より)。

かくて、カブラルが行なったのは、ギニアの社会構造の徹底的な分析であった。社会諸階層のなかで、どの階層がもっともPAIGCの思想をうけ入れやすく、またその逆はどれか、と。『ギニアの社会構造に関する簡潔な分析』(一九六四年)は、カブラルの農村調査の経験が見事に生かされており、先験的な概念にもとづく分析ではなく、現実の深い認識から理論を組み立ててくるカブラルの方法が如実に発揮されている。

カブラルの徹底的かつ緻密な、この分析から導き出された結論は、農民のなかでも、アニミストであり、垂直的な政治組織(首長制度)をもたない部族集団、都市に出たデクラッセ(根無し草)の失業青年群、都市在住の一部の賃金生活者などが、PAIGCの主張をうけ入れやすい社会層であった。

武装闘争開始以前に、PAIGCが行なったのは、この部分への革命的意識の注入であった。一九六〇年から六二年まで、カブラルとPAIGCは、隣国のギニア共和国の首都コナクリに設立した党学校で、この階層に集中的な政治教育を与え、農民を動員するための訓練を行なった。ここで養成された中堅幹部や活動家たちは、再び農村に送り込まれ、農民の動員は、最初に、農民の生活に溶け込める人びとによって行なわれ、ついで農民たち自身が自分たちを組織し、さらに残りの人びとを動員していった。そして、この動員にあたっては、きまり文句や一般的、抽象的表現が斥けられ、直接的、具体的な話題を用いた対話の方法がとられ、農民がいかに自分たちが搾取されているかを理解できるようにしていった。つまり、ＰＡＩＧＣは、農民が置かれている社会の構造とその矛盾を理解させ、その解決のために直接的かつ具体的な目標を提起して、農民自身の自発性を誘発し、社会的につくりだされた低開発状態を規定する諸構造の変革を目指したのである。

だが、この農民動員は容易ではなかった。カブラルは、この農民動員がいかに困難で忍耐を要する仕事であったかということを繰り返し述べている。またカブラルは、この動員にあたって、部族と宗教の問題を注意深く扱っていた。カブラルによれば、部族的経済構造は植民地主義者の到来以前から崩壊過程にあり、ポルトガルは分断支配の必要から部族的政治構造を利用したのだという。カブラルは、この部族的構造をも言語や文化的側面から動員の要因として尊重したばかりか、人間の尊厳に敵対しないかぎり、人民の宗教信仰を妨げようとしなかった。

農民はしかし、カブラルにとって「闘争の主要な物理的勢力であっても、主要な革命勢力」ではなかった。その革命勢力とは、外国支配の現実にいち早く目覚めるプチ・ブルジョワであり、彼らが農民に働きかけ、自覚を促す役割を果すという。このプチ・ブルジョワは、植民地支配のもとでは、植民地主義者＝抑圧者と、民衆＝被抑圧者のはざまにあって、文化的にもいずれの側からも疎外されたマージナルな階層であり、農村《ローカル》の現実から乖離するばかりか、植民地機構のなかで上昇志向の意識をもつため、農民の生活様式をむしろ否定する傾向にある。したがって、たとえ民族解放の思想に目覚め、人民大衆の動員の必要性を痛感したとしても、この都市のプチ・ブルジョワは、彼らだけではけっして農民のなかに入り込み、解放闘争へと農民を動員することはできない。農村の現実を知らないのだから、まして農民を理解できない。

カブラルとPAIGCが行なった解放闘争への政治的準備は、まさしく、この植民地社会のなかで切断されていた都市のプチ・ブルジョワと農村の農民をふくめ社会の全階層を慎重に結びつけ、団結させ、PAIGCという前衛党の政治的指導のもとに結集させることであった。プチ・ブルジョワと農民をつなぐ役割を担ったのが、農村を知り、農民を理解できる中堅幹部であった。彼らにたいする政治教育がいかに重要であったかはいうまでもなかろう。

こうして農村へ政治工作者であると同時に戦闘員でもあるゲリラが送り込まれた。彼らは拠点をつくり農民の支持者を獲得し、農村の中へ深く広く浸透していった。ゲリラ闘争の基地が武装闘争開始以前に農村内部に建設されていったのである。

一九六三年に開始された武装闘争が、ポルトガルが当初想定した外からの侵略という形態をとらず、国境から一〇〇キロも内側へ入った地点で開始された事実こそ、ゲリラ戦争の第一段階に不可欠な政治的地ならしがいかに成功していたかを物語っている。

一九六三年に武装闘争を開始したPAIGCは、その年のうちに国土の一五パーセントを解放し、翌一九六四年には北部、南部、東部へ戦線を拡大していった。同年の南部の要衝コモ島の争奪戦でPAIGC軍はポルトガルを撃退し、戦局の主導権を握っていく。ゲリラ戦士たちは実際に植民地軍との戦闘に勝利し、農民の支持と参加を不動のものとしていった。

五　新しい社会の基盤＝解放区

――民衆は思想のため、誰かの頭にあることのために戦っているのではないことを、常に心に刻んでおかなければならない。（カブラルの一般指示）

ゲリラ戦争は、正規軍同士の戦いではない。ポルトガル軍がいかに巨大であろうと、アメリカのベトナム戦争における如く、全国土を軍事支配できない。重要な拠点を中心に地域の支配を確立するには、部隊の集中と分散を巧妙に行なわなければならない。部隊を分散させれば個々の基地は弱体化し、ゲリラはこの軍事的力量の劣る地点に攻撃をかけ陥落させる。そのたびに部隊は一ヵ所に集中し、重要地区の防御にまわる。こうして広大な残余の地区はゲリラの支配下に落ち、拠点を内包した面の領域は解放区へと組織されていく。この解放区の拡大こそが、ポルトガル軍の敗北を示す最大のプロパガンダとなった。

アフリカの民族解放闘争のなかで、ギニアの解放闘争が際立った位置を占めるのは、闘いの根拠地として解放区をつくりあげたことだ。アフリカで、解放区が建設され実効的な統治が行なわれ、新しい社会の基盤が形成されていったのは、ギニアビサウが最初であった。一九六〇年代の民族解放闘争の焦点だったベトナムを、アフリカの小国ギニアはよく学んでいたにちがいない。もっともカブラルは、毛沢東の著作をはじめて読んだのは一九六一年といっているほどだから、自国の現実にふさわしい闘争形態を自ら実践のなかから独自につくりあげたといったほうがよいだろう。

カブラルはこの解放区こそが、ギニアビサウに新しい社会・経済構造を形成するための不可欠な物質的、経済的基盤であると考えていた。

アメリカ人女性ジャーナリスト、ステファニー・ウルダンは、ギニアビサウ訪問記のなかで次のように報告している。

「PAIGCの率いる十三年におよぶ解放戦争が終わった時、国家の基本的骨格はギニアビサウの三分の二を支配する解放区の中ですでに造り出されていた」(笹尾久訳「新しい社会へ――ギニアビサウからの報告」『展望』、一九七五年四月号)。

解放区のなかでつくり出された現実のドラマは、ポルトガル国軍運動の若手将校が象徴的に語ったように、ポルトガルが五世紀におよぶ植民地支配をもってしても生み出しえなかった以上のものを実現してみせたのである。

これは、解放戦争がたんなる政治的独立という権力の交替のためではなく、植民地主義によって破壊され畸型化されたアフリカ人社会の構造そのものを根本的に変革する革命へと転轍されるための必要不可欠な前提であった。

解放区のなかには、新しい政治、行政、司法のシステムがつくられ、教育、医療、保健・衛生、文化などの諸分野における計画が実施された。また、植民地経済組織の否定のうえに「人民の店」が創設され、女性の解放、無批判的な呪物崇拝、自然現象への畏怖心からの脱却、部族主義の克服、科学技術知識の普及が行なわれた。

これらは一朝一夕で実現されたのではない。ポルトガル軍の非道な攻撃との厳しい対決のなかから時間をかけて生み出されてきたのである。

農民たちは、たとえば、森林は精霊の所在するところであり、そこへ行くのは神をも畏れぬ行為と考えていた。だが、戦争が開始されるや、彼ら自身の生命を護るには森林が必要であると理解する。さらに、ある呪物があれば死なないと信じる農民がいる。しかし、銃弾に当たれば物理的に死ぬことをみれば、戦闘で自分を守るのは、守り札のような呪物ではなく、塹壕だと理解してくる。

カブラルは、解放闘争へ農民を動員するにあたって、これら民衆の信仰を先験的に排斥しようとせず、民衆自身が戦いの中から目覚めていくようにした。彼ら自身が、敵から自分を守るには何が必要か、を自ら学ぶようにしたのである。武器についても同じだった。カブラルは農民に武器を渡すときも、けっしてこれで敵と戦えと指示するのではなく、自分たちを守るために武器を使ってほしいと語っている。

これは、カブラルの「一般指示」のなかによく表現されている。

「民衆は思想のため、誰かの頭にあることのために戦っているのではないことを、常に心に刻んでおかなければならない。彼らは……物質的利益のため、よりよく、平和に暮らすため、生活が向上するのを見るため、彼らの子どもの未来を保証するために戦っているのである」。「民族解放、植民地主義との戦争、平和と進歩の建設——独立——、これら全部も、生活状態の実際の改良をもたらさないかぎり、民衆にとって無意味なものにとどまるであろう。ある地域を解放しても、住民たちが基本的物質もなくているようでは無意味である」(デビドソン前掲書)。

かくして、政治・軍事工作とならんで、解放区において民衆生活向上のための諸施策が実行されていった。そのひとつが、「人民の店」であった。この「人民の店」が民衆の基本的生活物質を供給する組織であり、一九六四年に設立され始めた。バーター取引き(物々交換)で運営され、したがって解放区内にはポルトガル通貨は存在せず、それ以外の通貨もなかった。

植民地経済からの脱却がこの「人民の店」システムに象徴されたとすれば、植民地精神からの脱却は教育であった。PAIGCは、とりわけこの教育を重視した。人口の九九パーセントが非識字であったポルトガルの植民地支配から、民衆が精神的にも自立するために、PAIGCは解放区内に学校をつくり、教師を訓練し、児童を就学させるとともに大人たちへの識字教育も行なった。ポルトガル支配下の一九五七年には、ギニアビサウ全土で、一六一の初等学校、一八一人の教師、一万一一四二人の生徒数しかなかった(ユネスコへのポルトガル当局の報告)。また、PAIGCによれば、一九六二年の段階で、植民地政府の学校へ入学できない「原住民」児童たちのための私立ミッションスクールは全土で四二校、生徒は八〇〇人しかいなかった。

これにたいして、PAIGCは闘いのなかから学ぶというスローガンのもとに、一九六五~六六年には、解放区のなかに、一九一人の教師、一二七の初等学校(七歳~一五歳の生徒数一万三三六一人)のネットワークをつくりあげ、一九七二年までに、二五一人の教師、二〇〇の初等学校(生徒数二万人)を擁するまでに発展させた。PAIGCが、闘争の一〇年間に成し遂げた成果の素晴しさに驚嘆せざるをえないだろう。

医療についてはどうか。武装闘争開始の一九六三年には、ギニアビサウ全土にはたった四人の医者しかいなかった。人口八〇万人に四人である。ＰＡＩＧＣは、積極的に医者、看護夫（婦）の養成を図り、国外で教育をうけさせ、一〇年後に四〇人の医者をもつにいたる。東部、南部、北部地区には、それぞれ中央病院（野戦病院）が置かれ、村落単位には健康センターが、隣国のギニアとセネガルの首都にはＰＡＩＧＣ用の病院が設置されていた。

こうした解放区の生活のなかから、ギニアの民衆はなにが変わっていったかをはっきり認識する。

「――ポルトガルを追い出して、あなたたちの生活は変わりましたか。

変わった。大きく変わった。作物も土地も自分のものになったし、戦う前、我々には学校も、診療所もなかったが、今は学校もあるし、医者もきてくれる。戦うことが大事なんだということも、自分たちに戦う力があることも知ったのです。だから、党や軍の荷物も運ぶし、米だって皆で集めて、キャンプや学校へ届けるのです。今は皆、十分に食べられるし、米をＰＡＩＧＣに渡しても、人民の店で靴や衣類に交換できるゆとりがあるし、戦いの前よりずっと楽です」

（小川忠博『ゲリラの朝』、朝日ソノラマ、一九七五年）。

武装闘争開始から一〇年にして、ギニアビサウの四分の三が解放され、三分の二の地域に解放区がつくられていたのである。

六　フラッグ・インディペンデンスをこえて

――……人間による人間の搾取と、個人、集団または階級のために卑しむべき利害関係に人間と個人を陥れるあらゆる形態の従属を廃絶するに必要な、政治的、経済的、文化的条件を創出する社会の形成を……目的とする。（ギニアビサウ憲法）

一九七三年一月、カブラルが暗殺された。だが、ＰＡＩＧＣ解放軍は、この後、アミルカル・カブラル作戦を展開し、ポルトガル軍へ大攻勢をかけた。同年九月には、ギニアビサウの歴史上はじめての選挙によって生まれた全国人民議会が国家の独立を宣言する。ギニアビサウ共和国がＰＡＩＧＣ結成一七年にして樹立されたのである。一年後、ポルトガル革命政府はこの独立を承認し、一九七五年にはポルトガル軍の最後の一兵士がビサウを離れた――。続いてカボベルデ、モザンビーク、アンゴラ、サントメ、プリンシペが独立し、アフリカ大陸におけるすべてのポルトガル植民地は消滅した。ここに、実に、五世紀にわたるポルトガルの植民地支配が終わったのである。

＊

カブラルとＰＡＩＧＣの闘いは、世界資本主義の周辺部として低開発化されたアフリカ大陸のそのまた辺境部で起こされたものであった。イギリス帝国主義の「半植民地」ポルトガルに支配されたギニアから、アフリカのもっとも根柢的な変革の思想が生み出され、第三世界の民族解放闘争の新たな地平を切り開いていったのは、歴史の逆説のようにみえる。

だが逆にいえば、辺境であり、もっとも低開発の状態にあり、もっとも古い植民地であり、ポルトガルが「独立」を与える余裕のない「帝国主義」であり、一九六〇年代のアフリカ大陸の「独立」の現実を如実に知りえたことが、もっともラディカルな変革の思想を生み出す与件となったとはいえないだろうか。しかし、これだけでは十分ではない。そこには、カブラルという秀れた指導者による、現実に立脚した理論とその実践的統一があった。外部勢力に依拠することなく自力でもって解放を達成しようとする主体性が、そこにはあった。PAIGCは、外国からの軍事的、物質的援助をうけていたが、けっして義勇兵といった外国援助をうけ入れなかった。義勇兵は「我々の人民が自らの力で歴史的意義のあることを達成し、自らの歴史を再主張し、自らの本体《アイデンティティ》を奪還する唯一の機会を奪うだろう」（デビドソン前掲書）と、カブラルは語り、これはPAIGCの基本原則であった。一九六〇年代に、三大陸の解放運動に大きな影響を与えた中ソ対立にもかかわらず、PAIGCは最後までいずれの側にも属さず、その主体性を貫き通したのである。

一九六〇年代を闘い抜いたカブラルは、アフリカ大陸の「独立」が新植民地主義支配の一形態であることを見逃していない。一九六一年の段階で、国家と国旗だけのいわゆるフラッグ・インデペンデンスを批判している。アフリカの政治的独立が、都市における〔白い肌〕の〔黒い肌〕への権力移行にすぎず、民衆を支配し搾取する構造は温存され、より巧妙な帝国主義支配の継続であったことを、カブラルは早くから見抜いていた。都市の〔黒い肌〕の新たな権力者たちは、「先進」資本主義国の生活水準をこえる生活を享受する一方で、農民は独立前と変わらぬ生活を強いられる。モノカルチャー（単品耕作）の経済構造は変わらず、農民の労働力は多国籍企業や旧宗主国の独占資本およびそれらと結託した現地プチ・ブルジョワの支配階級によって収奪されるまでである。一党独裁の支配のもとで支配者エリートたちは肥大化し腐敗していく。その統治を民主的に変換する政治回路を欠落させているために、社会機構のなかでもっともよく組織された軍隊が容易に権力を暴力的に奪い、新たな独裁者を次つぎに生み出していく。そして、その悪循環。

この新植民地主義のアフリカ大陸席捲の過程をカブラルは、痛恨の思いでうけとめていたと思う。フラッグ・インディペンデンスをこえる「独立」の内実とは何か、それがカブラルのテーマであったにちがいない。

人間の解放とはなにか。民族の解放とは何か。カブラルはこれらの問いにひとつひとつ理論的に答え実践へ移していったのである。

カブラルが目指した民族解放とはどのようなものであったのか。一九六六年のハバナ報告にはカブラルの理論が定式化されて提出されている。

「民族解放とは、その民族の歴史的個性を再び獲得することであり、……帝国主義支配を粉砕することによる歴史への回帰である」。そして、これは「民族の生産力があらゆる種類の外国支配から完全に解放されたときに、はじめて成立する」。

つまり、民族解放の基礎は、各民族が固有の歴史をもつという権利であり、民族解放の目標は、この「歴史の奪還」、すなわち「民族の生産力の発展過程の解放」という定式化である。民族の生産力が外国支配から真に解放されない限り、真の民族解放はありえないとカブラルは規定する。したがって、民族解放が生産力の発展過程の解放を意味するとすれば、この民族解放現象は必然的に革命とならざるをえない。そして、カブラルはこの基礎と目標をもたない民族主義運動は、いかに帝国主義と戦闘を行なったところで、その闘争は必ず民族解放のための闘いではなくなると明言する。「政治的独立」がなんら民族の解放ではないことも、ここから理解できよう。

カブラルの理論の基軸となっているのが歴史概念であるのは一目瞭然だろう。カブラルはアフリカ人の歴史がこれまで奪われてきたと強調しているが、これにたいして、アフリカ人もまた「人間」であるとしても、はたして、私たちが「歴史」といったときに想起するような歴史がそこに存在したのかと問われるかもしれない。とりわけ「歴史とは階級闘争の歴史である」というマルクスの定義を承認する人びとにとって、アフリカのいわゆる「未開」社会にも歴史が、文化が存在したのだろうか、と。

カブラルは、これにたいして、世界の諸民族はその経済的発展の水準がどのようなものであれ、固有の歴史をもっていたと主張する。カブラルは自問する。「歴史とは、『階級』現象が発展し、したがって……階級闘争が発展した瞬間から、やっと始まったのだろうか、と」。

「これに然りと答えては、アフリカ、アジア、ラテン・アメリカさまざまな人間集団が、帝国主義の軛に従属させられていた時期に、これらの集団が歴史をもたずに、あるいは歴史の外側で生活していたことにもなろう」。

これは帝国主義のイデオロギーであり、承認することはできないとカブラルはいい、そして歴史と階級闘争の概念を再定義する。

「各人間集団固有の歴史の要因は、その集団を特徴づける生産様式――生産力の水準と所有形態――である」。「階級および階級闘争は……生産手段の所有形態と組み合わされた生産力の発展の結果に依存している」。

したがって「歴史の、真の、そして恒久的な原動力」は、「階級闘争の内容と形式に関する基本的な決定要因」、すなわち「生産力の水準」なのだ。この論理を前提とすれば、階級闘争はある特定の時期だけのものとなる。

こうして、民族解放とは、民族生産力の外国支配からの完全解放、つまり革命であり、革命はたんなる国家の樹立ではないとする論理は、フラッグ・インディペンデンスとは決定的に離れた地平にあることがわかるだろう。民族解放の大道は、その支配の基本的道具が暴力である帝国主義にたいする武装闘争であり、これこそが民族の自由の獲得の最終的な実現にとって唯一、効果的な道だとカブラルは主張する。

だが、この武装闘争による民族解放闘争のなかから、カブラルは、アフリカの解放にとって、もうひとつ重要な問題を提起している。

七　解放闘争と文化

――解放運動に果す文化の真の役割を正しく評価するためには、……自らの文化を保持している人民大衆の状況と、多少とも外国支配に同化され、……文化的に疎外された……社会集団の状況とを、区別しなければならない。(一九七二年)

カブラルは解放闘争のなかで、初期の独立運動の担い手となる都市のプチ・ブルジョワの役割に注目する。植民地支配において、最初にその支配の不合理さに深く目覚めるのはこの社会層であり、彼らは外国支配にたいする闘争を指導するという歴史的運命を担わざるをえない。これは旧・新植民地的状況に共通する役割である。だが、プチ・ブルジョワは限界をもつ。革命的意識がいかに高くとも、「生産過程に包含されない階級として、自らの権力の維持を保証する経済的基盤を自由自在にすることができない」。

プチ・ブルジョワの問題をカブラルは、文化的疎外の側面からさらにほりさげている。

植民地支配の時代にあって、植民地本国の文化的影響をうけるのはプチ・ブルジョワと一部の都市労働者だけであり、その文化的支配は首都や中心的な大都市に限定されていたため、人口の大多数を占める農村の民衆は、その文化的影響の圏外にあった。プチ・ブルジョワは、植民地本国の文化に自己同一化を図ろうと願望するが、〈白い仮面〉をつけたアフリカ人にすぎない。植民地社会のなかで、本国の支配階級の文化と現地の民衆の文化の両方に文化的アイデンティティをもつマージナルな位置にある。彼らは、いわばどこにもアイデンティティをもちえない根無し草の存在なのである。

しかし、この文化的疎外者(かつてはカブラルもその一員であったといえよう)は、その社会的位置（民衆と比べて高い生活水準、教育を享受する代償としての、日常的な植民地支配者からの直接的な屈辱の経験）ゆえに、外国支配からの解放の必要性にいち早く目覚めるという逆説が起こる。

カブラルは、アフリカの独立運動の初期にこれらプチ・ブルジョワに生起する個人的葛藤と、その文化論的運動に起こる表現を、〈源泉への回帰〉ととらえる。つまり、植民地本国と現地、外国搾取者と被搾取民衆との「絶対的矛盾」のなかで、彼らが唯一とりうる道が、この〈源泉への回帰〉なのである。しかし、この回帰は、「植民地支配国の文化が被支配民族の文化より秀れている」という主張を否定することを意味するにすぎず、「それ自体では外国支配（植民地主義と人種主義）にたいする闘争行為でもなければ、またそうなりえない」と、カブラルは批判する。〈源泉への回帰〉現象がネグリチュードやパン・アフリカニズムという形態をとっていたことを、カブラルは認識している。

カブラルは、このような初期の独立運動に顕著にみられる、文化が民衆動員の手段、独立運動の武器になるという考え方を、「解放運動の発展に果たす文化の重大な役割について、……あまりにも限定的な」見方であるとし、これは、植民地エリートに現われる、「限られた現象を誤って一般化するところから生じている」といっている。

では、この〈源泉への回帰〉には「可能性」がないのだろうか。カブラルはその可能性の契機を次のようにとらえる。

「この〈源泉への回帰〉は、それが独立闘争に真に参加するだけでなく、人民大衆の願望との完全かつ絶対的に自己一体化し、外国文化のみならず外国支配全体を否定するようになってはじめて、歴史的重要性」をもちうるのだ。

植民地主義の支配にいち早く目覚め、〔源泉への回帰〕によって、独立を達成しようとしたプチ・ブルジョワを巧みに利用して、新植民地的解決へと導いていったのが、一九六〇年のいわゆるアフリカの「独立」であった。文化的、主体的根拠は、このカブラルの指摘によって明らかだろう。フラッグ・インディペンデンスの権力者となり、帝国主義と妥協し、新植民地主義への道を進まないために、プチ・ブルジョワはなにをなすべきか。カブラルの答えはひとつだ。

「民族解放闘争において、この階級に与えられた役割を完全に果すためには……自ら階級として自殺し、革命的労働者として生まれかわり、その属する人民の最深部から湧き出てくる希求と完全に一体化しなければならない」。

革命的意識の発展・深化こそ、プチ・ブルジョワの社会的再生を可能とするというのである。カブラルは、独立運動初期のプチ・ブルジョワにみられる、文化の役割にたいする浅い理解を批判している。カブラルにとっては、文化とは、たんに外国支配との闘争に集団を動員する武器、手段としてあるのではなく、「それ以上のもの」であった。

「文化は明らかに解放運動の基礎そのものなのである。自らの文化を保持する社会のみが、人民を動員し、組織化し、外国の支配にたいして闘うことができる」。

しかし、文化は画一的に出現するものではない。地域によっても、階級によっても異なる。文化水準の多様さは解放運動の姿勢の多様さでもある。しかも、解放闘争は「本質的に政治的な」運動であり、闘争の発展につれて政治的手段しか利用できなくなる。

だから、「闘争に最適の方法を選択し、血肉化し、発展させる基礎となるのは、自国の現実、とりわけ文化的現実」にたいする確固とした知識なしにありえないのだとカブラルは強調する。解放闘争を進めるには被支配社会全体の文化的特質のみならず、その社会の階級の文化的特質の決定的重要性をも認識しなければならない、とカブラルが論ずるとき、政治的経済的な階級分析と同様、文化分析の不可欠さを、あらためて認識させられる。

社会構造の分析から始まり、文化構造の分析へと、アフリカ社会の全体的分析へとつき進むカブラルの思想的発展こそ、解放闘争のもうひとつの所産であった。解放運動組織にとって、闘争の過程から必然的に生じてくる文化的問題を批判的に分析することがなによりも大切なのだというカブラルの主張は、アフリカおよび第三世界の解放闘争に大きな示唆を与えるものではないだろうか。

八　カブラルと我々

——……日本の人民、いや政府も、アフリカとの関係を深めることは日本人民にとって利益であることを理解すべきです。未来がもとめているのは、日本・ポルトガルの関係ではなく、日本・アフリカの関係です。(一九七二年、東京)

カブラルは、我々の同時代人である。インドシナ半島でベトナム人民が闘っていたとき、西アフリカでギニア人民が闘っていた。すでにみたように、カブラルの闘争は一九五〇年代後半に始まり、一九七〇年前半まで続いた。アジア、アフリカ、ラテン・アメリカの解放闘争は、この一九六〇年代に大きな昂揚期を迎えたのである。その一翼を担っていたのが、ポルトガル領アフリカの闘いであった。

だが、アフリカ革命に対する我々の理解は、決定的に遅れていたのではなかろうか。アフリカ革命といえば、第三世界に関心をもつ人びとからは、アルジェリア民族解放闘争のフランツ・ファノンの名前が出てくることは想像に難くない。しかし、ファノンは秀れたアフリカ革命の思想家であっても、革命を創造するもっとも困難な闘争を組織し、指導した実践家であったとはいい難い。カブラルは、理論と実践を見事に統一した、稀有な革命家であったといえる。とはいえ、ここでは詳しく触れないが、カブラルはファノンの思想から多くを学んでいたことは明らかである。

「アミルカル・カブラルは、フランツ・ファノンの死後、もっとも独創的かつ重要なアフリカ人革命家として、しだいに認められてきている。……カブラルの思想を特徴づけているのは、精緻で着実な理論的分析と省察が、戦争に勝利し、新しい社会を建設するという実践的問題への忍耐づよい、慎重な、理論の適用と結びついていることだ」(チャールス・マックレスター「アミルカル・カブラルの政治思想」『マンスリー・レヴュー』一九七三年三月号)。

マックレスターは、カブラルの理論は、第三世界の解放を目指す人びとにとってばかりではなく、アメリカのラディカル派にとっても重要である、と指摘している。

ラディカル・アカデミシャンの中でも、カブラルの理論は注目されている。ラディカルな論文を収録した『アフリカ社会研究』(一九七七年、マンスリー・レヴュー・プレス)の編纂者は、次のように述べている。

「カブラルのギニア社会構造の主題に対する貢献は、指導的な一アフリカ人政治家によってなされた分析として顕著であるばかりではなく、それが全社会の分析のモデルでもあるからだ」(ペーター・ウォーターマン)。

カブラルの理論と実践を研究することなくして、もはや現代のアフリカ社会、文化、政治、経済の構造を理解するのは困難な段階に入ってきているのではなかろうか。

＊

最後に、あまり知られていないが、カブラルは一九七二年八月、日本を訪問している。第一八回原水爆禁止世界大会(原水協主催)に参加して、広島、長崎を訪れた。カブラルの目に映った日本とはどのようなものであったろうか。「毎日新聞」とのインタヴューで次のように語っている。

「原爆はあなたたちに使われた。ナパーム弾は今我々にたいして使われている。我々と日本は遠く離れてはいるが、すべての国民は我々を支持してくれるものと信じている。日本は古くて新しい国だ。国民は親切で文明も進んでいる。我々は独立実現のため、日本から多くのことを学ばなければならない」。

実に謙虚な発言ではないか。カブラルが「日本から多くのことを学ぶ」以上に、我々は、カブラルおよびアフリカの人民から学ばなければならないのではなかろうか。

日本とアフリカの関係の未来のために、カブラルは、日本の青年へ示唆に富んだメーセージを送っている。日本とアフリカの関係の未来のための「役割を演じなければならないのは日本の青年です。まず帝国主義と闘い、第二にアフリカの進歩の建設を全力をつくして助けることです。それは義務であり、権利でもあると私は思います」(傍点引用者、日本での歓迎集会でのカブラルの発言——『アフリカを学ぶ雑誌a』第六号所収)。

(白石顕二)

＊アミルカル・カブラル著、白石顕二・正木爽・岸和田仁共訳『アフリカ革命と文化』(亜紀書房、一九八〇年)より再録

第2章　〔プロムナード討論〕アミルカル・カブラルのアフリカ革命論

作品1　マックレスター「カブラルの政治思想」（『マンスリー・レヴュー』一九七三年三月号）

——カブラルはフランツ・ファノン死後における最も独創的なアフリカ人革命家のひとりである。とりわけ解放闘争という実践を通じて文化＝アイデンティティを創造しようと呼びかける態度に示される。依然として石器を用いる人びと、欧米人からデクラセ（落伍者）と見下される人びとをかかえて、カブラルはこう結論する。「昔と変わらぬ農村の文化と農民大衆のなかにこそ、民族的抵抗の源泉があるのだ」。「文化の肯定的・否定的側面が現われるのはまさしくこうした闘争のなかであるから、闘争の発展とは、文化の拡充、豊富化なのでもある」。

〈プロムナード討論1〉

石塚正英（以下石塚）：最初に感じたのは、このなかにマルクスのことがでてきますでしょ。一部に、マックレスターがカブラルの考えとして述べているのか、それともマックレスター自身の意見なのかわからないところはありますが、「すべての歴史は階級闘争の歴史である」という一節を引用して、マルクスとカブラルとの比較をやっています。もちろんＡ・カブラル『アフリカ革命と文化』（亜紀書房、一九八〇年）でもはっきりわかりますように、カブラルは階級闘争至上主義ではないわけです。—そこで、マックレスターの見解はそれとして、カブラル自身はこのことば「すべての歴史は階級闘争の歴史である」をいったいどういう具合に受けとめているんでしょうか。世界史的な視野・大枠でそれを認めてはいるが、アフリカ社会では歴史発展の原動力にならないといっているのでしょうか。それからまた、マックレスターは、カブラルにおいては歴史の原動力として、階級闘争以外に、別の複数の要因があると言っているんですが、これについてもあわせて考えてみたいのですが。

白石顕二（以下白石）：はい。まず階級闘争の歴史ですが、それはまぁ石塚さんの方がよくご存知だと思いますけれども、マルクス、とくにエンゲルスがあの注（共産党宣言一八八八年英語版へのエンゲルスの注）で言っているところからすれば、階級がなければ、階級が成立しなければ歴史がないという表現がストレートに出てきてしまう。ヨーロッパの左翼がアフリカを見る場合に、アフリカには歴史がない、階級が無い、あるのは部族社会であるとみる。あるいはそれに類似したホモ・ジーニアスな社会であるとみる。そうであれば、部族社会に生きるアフリカの人びとは、いったいどうなるんだろう、彼らには本当に歴史がなかったんだろうか、階級がないから、階級闘争がないから、歴史がなかったんじゃないのか、ということになるのか？―けれども、実際問題としては、そんなことはないんです。そのことについてはまだあまり研究されてきていないから、わからないだけなんです。部族社会といわれてきたものは同一社会であって、階級的な内容をそのなかに孕んでいないといい、ずっと昔から発展のない停滞した社会が、原始のままの社会が、アーカイックな社会がずっと残って生きている、ということがカブラルの問題意識のなかにある。で、そういうことを言ってしまうと、我々アフリカ人はまったく歴史を持たない民族になってしまう、歴史がないというのはつまり、これはもっと重要なんだけれども、アイデンティティの問題なんです。民族的なアイデンティティの問題なんです。階級がないから歴史がない、歴史がないから文化がない、文化がないから民族的なアイデンティティがない、ということになる。そうなればそれこそ本当に、彼らは―カブラルの言うように―歴史の外側に取り残された、つまり発展の外側にとり残された人びとになってしまう。これは、もっと広く言えば、ヘーゲル批判だと思うんです。ヘーゲルが『歴史哲学』で展開している考えというのは、アフリカ社会は部族社会であって、歴史的な発展がない、歴史的な発展を示したのはヨーロッパ社会等々である、としている。カブラルはだから、マルクス・エンゲルスを直接批判しているというよりも、そういった階級闘争が歴史だというふうに設定してしまうと、いわゆる第三世界で部族社会とみられていた部分では歴史がないことになってしまう、その一種のアポリア、そこをどういうふうに突き抜けるのか。カブラルに言わせれば、アフリカには歴史がある、いままでずうっと戦いぬいてきた歴史がある、ヨーロッパ人がアフリカに入ってきてからもひとつの抵抗運動としての歴史もあった。けれども、じゃあこれ（階級闘争＝歴史の原動力）に代わって新しい歴史認識を出しているかというと、僕は疑問に思っている。

歴史の原動力の話に移りますが、「複数の要因」として、生産力と生産様式をあげている。これはもうマルクスそのものなんで、そうなるとこれ、ここでマルクスへ戻ることになってしまうんです。ただ、カブラルが言うのは「歴史的な生産諸力」だと思うんです。ですが、これは僕にもよくわからない。そのへんはむしろ石塚さんにおききしたい。―

石塚：階級闘争を否定しているわけではないことはわかるんですが、それのみじゃない、ほかにも要因はあるという言い方で修正している。そこまでは読めるんです。けれども、その代わりというか修正としてあげた「複数の要因」のなかにまたぞろ生産力と生産様式が出てくるんで、所有形態と生産様式とか、生産諸力の水準と所有形態とかが出てくるので、やはり僕にも白石さんのおっしゃるとおり、ここがいちばんわかりにくい。もう少し討論しましょう。そうすればはっきりしてくるかもしれませんから。

白石：そうですねぇ……。階級闘争がなければ歴史がない、階級闘争が始まったところから歴史が始まるのだ、となると、このあいだ石塚さんがお読みになった『ヌアー族』（岩波書店）とか、マサイ人等々、ブッシュマン、かっこ付きのブッシュマンですが（これは差別語で正しくは「サン人」）、これらがみな消えてしまうんです。ただ動物に近い人間がのっぺらぼうに存在してきたといわれてきたんです。それを左翼的に補強してきたのがマルクス・エンゲルスであって、彼らは階級闘争一元史観によってアフリカの部族社会を投げ棄ててしまったのだ、ということがアフリカの根本的な問題意識だと思うんです。

石塚：うーん。いや、今回のこの新しい文献（マックレスター）を読んでみて、というよりもいまこの討論のなかで感じたことなんですが、カブラルが言う「文化」という語は、実はマルクスが言う階級闘争にあたるんではないか、ということです。マルクスにとっての階級闘争をカブラルの場合の「文化」に対比させてみると、いままでわからなかったことが見えてくるような、そんな気がしてきました。つまり、カブラルにとって文化っていうのは、芸術とかそういうのじゃなく、闘争によって生まれ、また闘争そのものを引っぱっていくものという規定が、彼にはありますよね。闘争そのものが歴史である、と置きかえれば、まさしく闘争として文化があって、それはアフリカの土着の変化なんだけれども、別のところでは物理的な、科学技術という意味までは外国支配に負けたけれども、しかしそれはアフリカ文化総体の敗北ではないんだというかたちで、しばしずっと眠ったように押し込められてきているけれども、しかし最近の一〇年(一九六〇年代あたり)のあいだに、我々は銃撃戦を通じて民族を形成してきた、というようなことをいっている。

白石:うん。だからそれはね、あのぉ、ずっと眠っていたというのはレトリックだと思うんだ、カブラル独特のね。部族の存在について、カブラルはイエスともノーともいう、ある時はどちらともいえないとしている。カブラルが言うには、部族というふうな構造をつくったのは植民地主義者だと。しかし、そういう氏族的な段階、その上の段階の組織的なものというのは、政治的な組織があった社会、それが国家までいった社会、そこまでいかない社会もあったともいっていますね。だから、部族を否定しているわけではない。その部族が基本的にアイデンティティをどこに持つかというと、例えば、いちばんわかりやすく大ざっぱに言えば、トーテムポールにあるような、動物をアイデンティティの対象にするとかして、自分たちの社会のアイデンティティを持つ。複数の言語があってもなおかつそれが全部兄弟言語のようになっていて、それがひとつにアイデンティファイされる対象となっている。これが、だから民族といえば民族だが、実際にはこれがあるひとつのテリトリーのなかにおし込められている、植民地主義者によって。もしそれがなければアフリカの人びと自身の社会がそのまま発展していって、何かひとつの社会を形成していったのかもしれないのだけれども、その段階へ行く以前に、植民地支配、侵略によって枠をきめられた。そのなかにとじ込められた。そのことによって部族的なアイデンティティからもっとナショナルなアイデンティティを出さなくてはならなくなった。つまりインタートライヴの文化を考えなくちゃならなくなった。それはひとつの外から強制された民族形成なわけですね。にもかかわらずそこでなければやっていけないという状況がある。そうだからこそ、この状況を越えて、ギニアビサウというひとつの民族国家をつくる方向にもっていこうとするわけです。そういう意味では、大きな意味での近代化ということになるわけですけれども。

石塚：そうですね。その「近代化」という点についてはまたあとで議論の対象にするとして、そのまえにいまひとつ問題点を俎上にのせたい。それは、このマックレスターの文中に、「昔とかわらぬ農村の文化と農民大衆のなかにこそ、民族的抵抗の源泉があるのだ。」の一節があって、これがカブラルの考えだとしているんでしょうが、この一節と、先ほどの階級あるいは部族の問題をからめますと、ひとつの疑問にぶつかります。話をアメリカに移して例を引きますが、北米先住民と中米先住民における文化の差異についてです。

北米では最後まで狩猟段階にとどまったのですが、これに対してマヤ文明やインカ文明を築いた人びとは、同じモンゴロイド系であったとしても、トウモロコシとかジャガイモとかの農耕にまで進んで、また帝国といってはいるが本当は別ですが、一応国家らしきものをつくったわけです。で、そこで、僕は前から逆説的なことを考えているんですが、なぜ北米の先住民が幾千年も狩猟経済のままでいたかというと、彼らはその段階にあって非常に満ち足りていた、物質文明の現代病におかされた機械人間には理解不可能でしょうけれど、毎年季節ごとに回遊する野牛などを追って生活しているだけで十分暮らしていけて、何か人工的に作物を植えるとか、そんな苦労をする必要のないくらいに満足した段階にあった。人間は満足しておればそれ以上の事は望まず、工夫もしないわけです。それに対して南へ下ってしまったモンゴロイド系の人びとは、行った先が高原や山岳地帯だから、思うように野の動物を捕まえられず、恒常的には食物にありつけそうになかった。そこでやむなく農耕に入っていき、必要に迫られて農業を始めた。

そうなると文明を発達させた人びとというのはむしろ困っていた、貧しかったんだと、こういった逆説的な発想に立つと、カブラル思想についてここでマックレスターが言った「昔とかわらぬ農村の文化と農民大衆のなかにこそ」という言葉が、たんに物質文明じゃない、もっと広い意味での文化の内容の表現になりはしないか、ということなんですが。

白石：いや、これはレトリックですよ。

石塚：たんなるレトリックになってしまうんですか？

白石：ええ。つまりね、「昔とかわらぬ農村の文化」なんて存在しないんですよ。それは昔とかわらぬようにみえる農村文化、農村大衆なんであって、やはりかわってきていると思います。そうでなければ民族的抵抗というふうなことは起こらないわけです。外国の侵略があって、何らかの抵抗が起こった場合、その社会の文化はかわらなければならないはずです。もしむこうが優秀な武器を持って来たなら、こちらが伝統的な武器で立ち向かったら負けるわけでしょ。負けた時に、もう抵抗は止めた、となるか、もっと別の武器を考え出すか、ということになります。もちろん、そこに新しいものが生まれるんです、必要に迫られて。だから、昔とかわらない、ということはない。例えば、奴隷貿易があって、その場合、沿岸の部族っていうのはいち早く外国のもの、武器などをとり入れて、これでもって内陸を侵略して、内陸の弱い連中を捕えてきて売りとばしたわけです。それがアフリカの歴史のダイナミックさなんです。彼らはだから、アフリカ人同士で抑圧しあい、差別しあい、搾取しているんです。そういうなかにあって昔からかわらない農民社会なんてありえないんです。

石塚：なるほど、奴隷貿易についてはおっしゃるとおりです。イギリスの奴隷貿易商は、リバプールからアフリカに行けば、アフリカ内部がそういうふうになっているから、外部から想像するほどのシンドさはなかったということですね。

白石：そうです、そのとおりです。今までのアフリカの歴史は世界史的に無視されてきたから、そういう部分については触れない。そのような歴史はアフリカ人の復権だから触れない。けれどもアフリカ人は、自分たちの社会をちゃんと見れば、そういうことをやっていたんです。そうでなければ、ああいう三〇〇年も続く奴隷貿易なんて考えられないわけです。要するにひとつの力が働けばその反作用が起こるんだが、アフリカ全体のなかではその反作用が起こる部分と起こらない部分とができていく、奴隷貿易に迎合する部分と抵抗する部分。そのうち迎合する部分はいち早く豊かになっていく、そして弱い者をつかまえて売りとばすというようになる。この構造がなければ奴隷貿易は成立しなかったんです。

石塚：アフリカ人は被害者だったという言では片付けられないと……
白石：そりゃ、だって、アフリカ人がアフリカ人を売りとばさない限り、奴隷貿易は起こりえないですよ。

それから、さきほどの狩猟段階の、国家を持たない人びとのことに戻りますが、アフリカにはいまでも国家を持たないマサイ、ヌアーなどがいますし、「ブッシュマン」もいます。彼らは国家的な組織を持たないんです。「ブッシュマン」の場合だったら、一〇人くらい、三家族くらいの範囲であちこちをずっと動いている。けっして国家はつくらなかった。これは最高にいいんではないか。なぜいけないのか、と思いますね。これはまァ個人的な感情になっちゃうけれども。

―もちろん、より強い組織的な力があった場合には、かんたんに粉砕されてしまうわけです、みなバラバラで弱いから。けれども、そういうかたちでいることができ、しかも別個に存在して生きていける社会、生きていける組織、これは本当に、いい。
石塚：そうなんです。そこらあたりは白石さんと僕との間では共通しているんです。でも問題はやはり、科学技術では完全に敗北したというところを、現実的な問題として考えたい。
白石：それはね、物理的には敗北したんだが、しかし―文化との係わりに戻ってくるけれども―アフリカに来た植民者というのは、たしかにアフリカ人を搾取したんですが、けっきょくはみな戻っているわけでしょ。南アフリカの場合は戻らないから問題になっているんです。で、他の地域の植民者は、かたちとしてはみな戻った。それは、彼らの文化とアフリカの文化との間にものすごい差があって、彼らはそれを全部ヨーロッパ化することはできなかった。それだけアフリカは文化的に深い根をもっている。石塚さんのいまの提起にこたえていないかも知れませんが……。

ヨーロッパ人―カブラルの場合ならポルトガル人ですが―彼らが初めてアフリカに来て、貿易関係を結びたいというわけですが、その時ポルトガル人がアフリカ内部をみて驚いたぐらい、アフリカは発展していたんです。王国があったんです。それがやがて武力的に敗れてしまうわけなのですが、その時点でヨーロッパ人は、アフリカ人のことを動物同様の連中だというように、そうみなすようになった。そうした扱いしかしなくなった。その時アフリカの人びとになにか哲学とか世界観があるとは考えられなかったのです。でも、よくよく、長く暮らしていくと、アフリカのなかにアフリカ人の哲学、世界観があること、それがまたすーごく奥深いものだということがわかるようになってくる。そうすると、しだいに新しいアフリカというものを発見し出したというわけです。それはもう二〇世紀に入ってからのことなんですけれども。

石塚：なるほど。それについて、先のヘーゲルのことにも関係しますが、歴史というものは書かれたもの、記録されたものだという考え方が文明人全体にあるわけです。文字を持った人びとにはみなそのみかたがある。そういう見地からみると全然信じられない、ありえないかたちのぶつかりあいになっている点が、いまひとつ考慮の対象になりますが。

白石：文字を持たないということ、それから文明的・物質的なインストルメント、手段を持っていなかったということ、だから記録もまたない、だから歴史がない、とされてきたわけです。石塚さんは歴史家だからご存知でしょうが、とにかく、文字のかたちで記録を残さない人たちというのは、圧倒的多数でしょ。ノンフィクションをやっていてすごく感じたことなんですが、記録を残しているっていうのはインテリ、ないしそれに近い存在なんです。無名の人たちをフォローするのに、全部そういうインテリたちの筆で書かれた文章を読んでいくという感じになるわけです、そしてそれを一枚一枚はがしていくというような。そうこうして、ある種の像に結びつけるんだ、ということです。ところが無名の人びとそれ自体の発言は非常に少ない。記録としては殆どゼロに近い。周辺の事実に頼るほかない。これは思うに、歴史というのは、実は支配者のためのものなんだというふうに言わざるをえないわけですね。ですから、それに対して階級闘争の歴史というふうにマルクスが言ったのは、僕は正しいと思うし、それまでの英雄史観、支配者史観に対して戦うということからして、資料が両側から出せるようになる。ところが、アフリカの場合は、アフリカの側からは出せなかった。出せなかったのは文字がないせいであるけれども、これはアフリカで文字が発達しなかったからではなく、ウォルター・ロドウェーなんかに言わせれば、そういう一定の発達段階にあったアフリカというものを、一五世紀以来の大航海時代、奴隷貿易、それから植民地主義がみんなつぶしてしまったんだ、ということです。これがまぁ、大枠の話です。

石塚：そうですか。なるほど『ザンジバルの娘子軍（からゆきさん）』（冬樹社、一九九五年に大幅加筆後、社会思想社で文庫化）のライターでいらっしゃる白石さんならではの、興味深いご指摘です。

さて、マックレスターの文章を材料にして、最後にもうひとつみておきたいのは、いままでカブラルはどう読まれてきたか、ということです。もちろん、そのひとつの材料として、いま議論しましたマルクス主義における歴史の原動力の問題、それと科学技術の問題が出たんですが、そのほかにもうひとつあります。それは、よしんばマルクス主義者の側がカブラルに対して五〇歩も一〇〇歩も譲ってみな認めたところで、それでもやはり、アフリカ的現実というものを―あとでエンクルマを論ずる際にまた出しますが―アフリカを工業化させていくというかたちで乗り越えようとすると、その先には、カブラルが考えるような、西欧近代化の対極に位置するようなアフリカの像は存在しなくなるだろうし、かといってその工業化を拒否したところで乗り越えを考えると、タンザニアにおけるニエレレのウジャマァのように、ある種の袋小路に入ってしまうような気がします。その矛盾したコースをよく吟味しないで、たんにアフリカの指導者たちをプチ・ブル的だといって批判するだけのマルクス主義者が多い。カブラルをちゃんと読んでいない。

白石：うん、それはね。僕はマルクス主義者ではないので、はないんで、よくわからないんですが（笑）。そもそもアフリカに対するものの見方が屈錯しているんです。これはまぁ石塚さんも同じお考えでしょうけれど、ヨーロッパの近代化という風に言えば、それがつくられた歴史的な過程というのは、実はアフリカおよびラテン・アメリカをバック・デザイン、つまり背景にしているわけです。つまりその裏側からヨーロッパをみればよりよくわかると思うんだけれどもね。そういうみかたではヨーロッパをみてこなかったし、そういう考え方が出来たのは、いわゆる第三世界が五〇年代後半から六〇年代にかけて出てきて以降です。マにもかかわらず第三世界からのみかたは弱く、北半球中心主義で世界史をみているわけです。

スコミなどみなそうだけれども、学問の世界だってそうでしょ？

石塚：おっしゃるとおりです。そのとおり、ひどいものですよ。歴史用語はみなイギリスあたりからみてのものばかりで、全然かわらない。

白石：だから必然的に、マルクス主義者にしてもアカデミシャンにしても、そこまで視点がいかない。そこにカブラルというすぐれた歴史家―とそのように言っても僕はいいと思います―がいることすら気がつかない。これは無視をしているというんではなく、知らない、無知である、といえます。これは残念なことです。

石塚：うん、でもアフリカ・サイドからヨーロッパに向かって、おまえたちは無知だって言えるようになっただけ、なんというか、問題意識が深まったんですね。

白石：もちろん、もちろんです。例えば、カブラルが非常におもしろい寓話を引いている。それはね、「ギニアの社会構造」のなかで、ヨーロッパの左翼に対する批判として言っているライオンの物語です。こうです。『アフリカ革命と文化』七〇頁にこういう表現があります。銃を持って、大地にねている一頭のライオンに足を掛けている一人の人間の絵を、ほかのライオンたちがみせつけられている、というものです。で、そのライオンがその絵をみて、私にも絵がかけさえしたらなァ、そしたら逆のことをえがくだろう、と。

石塚：絶妙な比喩というか……。

白石：当然なんですよ、これは。みな、こういうことがわかっていない。ただし、非常に危険なのは、じゃあカブラルの言うことはみな正しいという、そうしたオプティミズムがおこることです。それが日本なんかでも起こるわけですね……。

石塚：僕なんか、もうそうなりつつあるんですがねェ。(笑)

白石：日本にはいるんです。アフリカ人の言うことはみな正しい、で、我々が書くことはまちがっている、相手を無視したものだっていうのがね。

石塚：なるほど。さぁ、マックレスターの文章を材料にいろいろなことを話し合いましたが、こんどは次の展示作品を鑑賞することにして、プロムナードを歩いて先へ進みましょう。

☆　☆

作品2　カブラル「闘争とかかわりあって」(一九七二年一〇二〇日、ニューヨーク)

――アメリカ生まれのアフリカ人民のみなさん、あなた方は、アフリカでの闘争への責任を認識しており、その事実が我々の闘争を鼓舞している。だからといって、あなた方がアメリカを去ってアフリカで戦うべきというのではない。アメリカ帝国主義は、例えばポルトガルを通じてアフリカを支配している。ポルトガルはアメリカの腐敗した付属物、半植民地です。あなた方は自身の状況を変革することです。私は武装闘争、暴力を必ずしも擁護しはしない、それは歴史の要請なのです。闘争を通じて農民は文化を築く、闘争を通じて女性はディグニティを勝ち取る。アフリカ人民は黒人も白人も一緒に、エンクルマとともにパン・アフリカニズムを掲げて進むが、あなた方アメリカの姉妹のことも理解しています。

〈プロムナード討論2〉

石塚：この作品では、「質疑応答」のところで、「封建・半封建、部族社会から社会主義へ行く問題は、非常に大きな問題です。」といっているところが、さっきのマルクス主義の公式とからんで、まず気にかかります。またこれと関連して、「あなた方自身の条件にもとづく戦いのイデオロギー的内容を打ち立てねばなりません」といって、共産主義とか社会主義云々が必ずしもイデオロギーのすべてというわけではないということを言っているでしょ。この辺です。飛躍の問題をカブラルがどのように解決しようとしたかということ。僕は、これは先に議論しました「文化」、その場に備わっているものとしての文化の独自なもの、他と比較するものでなく—そのような基準は、ここではさしあたって存在していないことにしておきますが—独自のものとして持っている文化そのもののなかから、何か飛躍の基を出さなければならないといっている、そういう風に読み込んだのですがね。イデオロギーを持つこととは、そういうことなんじゃないかと。その現場にある土着の文化総体の力をもってすれば、そこに飛躍の鍵がみつかる、そういうこと。そのあたりで白石さんのお考えは？

白石：そこはわかりませんね。

石塚：わからないとおっしゃるのは、カブラルの言っていることが分からないということか、それともカブラルの言っていることは分かるが……という意味ですか？

白石：うーん、この部分はね、雑談ではないけれども、オフィシャルなかたちでやっておりませんので、言ったことに責任が持てないというほどでないにせよ、この会話は収録されることを予想していないのでしょう、きっと。このテキストは煮つめてしゃべったものではない感じなんです。

石塚：推敲されていないということですか。そうだとしても、僕には何か気にかかる。別のところでも同じようなことを言ってたんじゃないかな。じゃあ、それにからめて、この会話の別のところで、国家の諸装置を我々の歴史の諸条件のなかでつくり上げろ、ということを言っている。これは、どの程度までの客観的な高みか、なんていうのでなくて、その時点で自分たちの持っている、自分たちの歴史としての文化、そのなかで国家をつくりあげるための材料をみつけ出せ、と言っているんじゃないか、と思いますが。白石さんは、この部分もそうすると、オフレコにしてほしいくらいの気分でカブラルが語ったもの、とみるのですか？

白石：彼には、国家組織ということを、やはり、自らつくっていくものだとすると同時に、すでにポルトガル植民地がつくった行政機構、統治機構というものを利用していこうという考え方もあると思うんですけれどね。

石塚：あのォ、カブラルにですか？

白石：うん。

石塚：あれェ、カブラルはそのところ否定していなかったかなァ。

白石：ポルトガルが残した機構をそのまま使うのはおかしいといってはいるけれども――大統領総督の官邸は博物館にしろとか、まァ、クレムリンを博物館にしろというようなことかもしれないけれど――、けれど実際のところは、ギニアの歴史的な諸条件から考えると、その建物はやはり使うわけですよ。だから中味を変えるということなんでしょう。

石塚：そうしますと、白石さん。この「闘争とかかわりあって」というのは、非公式な対話ということでもあるから、全体としてみて、一連の公式の論文とは一線を引くわけですか？

白石：一線引いています。

石塚：このなかにはギニアの女性の高い地位の問題とか、毛沢東を引いて解放区のことを語ったりして割合おもしろいところもあるんですが、これも非公式の対話のなかでのことだから、あまり練られた発言でないことはたしかなんでしょう。

ただ、よその国から最も多くの援助をうけたのはソ連からであったと言っているのですが、カブラルはこのソ連についてはどういう判断を持っていたのでしょう。

白石：友好国という扱いです。しかし、非常に重要なことは、あの五〇年代後半から例の中ソ論争が始まって、両国が分裂しだしますとね、これによって第三世界の解放運動もことごとく分裂してしまうんです。そこで解放運動自体のなかにソ連派、中国派ができてしまった。けれどもカブラルの場合、どちらとも均等に関係を結んでいた数少ない例なんです。だから党自身も分裂しなかった。どちらにもつかなかったというのは、アフリカにとってきわめて重要なことなんです。中ソ論争以降の両国の対立をアフリカの解放運動に持ち込まなかったということで、目立った、すぐれた外交的力量をカブラルが持っていたということです。それからOAU（アフリカ統一機構）に対してもちゃんと支援させたし。

そのほかに重要なこととして、大衆動員ということと党の組織化の問題があった。彼のすぐれた仕事の幾つかのなかで、この二つが大きな柱になっているし、それが解放区をつくって闘争へもっていったことにつながる。成功の要因としてきわめて大きな位置を占めます。

石塚：たしかに、そのことは現に戦いぬかれて勝利した実践として証明されたんで、はっきりしています。むしろ、そうした事実を知ろうとしているのかどうかという、その気があるのかどうかという、我々の側の態度の方が問題として残るでしょう。なにしろ、わが国ではカブラルの名すら殆ど誰も知らないんだから。さて、では次の「エンクルマへの追悼」の方へとプロムナードを歩きましょう。

☆　☆

作品３　カブラル「エンクルマへの追悼」(Unite et Lutte, Maspero, 1975.)

――私たちはまず第一に、古典的植民地主義に対する闘争の、「アフリカ積極主義」の非凡な戦略家、パン・アフリカニズムの開拓者としてのエンクルマ大統領に敬意を表します。

また、哲学者・思想家としてのエンクルマに、戦友であったエンクルマに敬意を表します。帝国主義のアフリカ支配が存続するかぎりアフリカの独立運動、独立国家は解放運動を続行することをエンクルマとともに認識したい。私たち自由の戦士にとって、クワメ・エンクルマの名声にささげる最も美しい花、それは銃弾であり、砲弾であり、私たちがアフリカの植民地主義・人種差別主義勢力に向けて放つあらゆる種類の弾丸なのです。エンクルマの墓は永遠の緑、殉教者の血の赤、豊かな収穫の黄色といった花々で囲まれるでしょう。

〈プロムナード討論3〉

石塚：この文では、まずエンクルマ大統領がアフリカ解放運動史上その輝かしい名をとどめているのは「彼の積極行動の貸借対照表がプラスであるからです」というカブラルの発言が心にとまります。この「貸借対照表がプラス」だということは、当然、エンクルマの活動にはプラスとマイナスの双方があって、そのうちプラスの方が大きかったのだという解釈が単純素朴に出てくる。その場合のプラスというもの、それからマイナスというものを、いったいカブラルはどんな事実や発言を念頭にして評価・判断しているのか、ということなんです。

まァ、僕は白石さんとこうしてお話する前に、エンクルマの『わが祖国への自伝』（理論社）とか『新植民地主義』（理論社）を読んで、ちょっと考えてみたんです。それで、やはりエンクルマは、どうも西欧的な近代化を、全面評価とまではいかないまでも、かなり賛美している。例えば、『新植民地主義』のなかに、「アフリカの多量の資源がアフリカ自身の開発に使われれば、アフリカは近代化した諸大陸に仲間入りができるであろう。」という表現がある。これなど僕がいまエンクルマについて問題にしていることがらの裏付けのようなものなんです。つまり、この考え方をカブラルはエンクルマのマイナスとみているんだろうし、そうした意味でのアフリカ解放じゃないんだぞという風に思っている。しかし同時にエンクルマのなかに、それとは違う、もっと深いものを見とおし、それをプラスとしているんでしょうねぇ。でも僕が読んだ限りでは、エンクルマの特徴はむしろ西欧的近代化を重視している面がちらつくんです。また、プロレタリアート独裁に似たような措置を講ぜよともいい、ただしすぐには不可能だから独立当初は旧宗主国への依存度が高いのはしかたがない、とも言っている。このあたり、もうカブラルとは決定的に違う気がします。ただし、この文章は追悼文だから、もち上げていますので、けっしてエンクルマをけなしはしなかった。にもかかわらずどこかでそれとなく、一言自分というものを出さずにおれなかった。それがこの「貸借対照表」の箇所なんで、こんな言い方でカブラルは自分をおさえたんではないか、とも思います。もちろんカブラルは、深くエンクルマを尊敬していますが。

白石：いま石塚さんがおっしゃったことは非常に正しいんだけれどもね。でも、エンクルマが果たした活動というのはアフリカの解放運動にとって何よりも大きな位置を占めていたということを考えに入れる必要があります。それは、まずガーナというアフリカのなかでもきわめて豊かな国家をブラック・アフリカのなかで最初に独立させたこと、その指導者がエンクルマであったんだということ。同時にエンクルマはパン・アフリカ国家というものを考えたほどにパン・アフリカニストであったということ。これは当時のアフリカの団結という意味で大きなイデオロギー的役割を果たしたんです。それから、実際問題、ガーナのアクラでアフリカ全人民代表会議などを開催して各地の独立運動を結びつけるような仕事もした。そういう意味でエンクルマはすぐれている、アフリカ史のなかで、世界史のなかでもそうです。だから、これはものすごいプラスなんです。ところがマイナスの方がどこにあるかというと、いま石塚さんがおっしゃられたように、エンクルマがかなりの工業化主義者であったということ、そのために無理をして、ココア資源による外貨収入をそうした工業発展―ダムなどの工事がありましたが―への投資に回していった。ソ連の援助もあったけれど、自分たちの実際の収入源がココアしかないというのに。だからエンクルマの業績として、外交面ではプラス、けれども経済および内政面ではマイナスであろうと思います。特に内政面では独裁化しちゃったこと。また彼の前にすぐれた人物がいなかったということもある。また、いたんだけれども彼が独裁化してしまったために、みな排除されて棄てられてしまったんだということです。クーデターも、そこで、経済政策が行き詰って生じたんです。ですが、やはり古代からのあのガーナという名の国家を新しくその名をとって建てたということ、輝けるアフリカの星であったということ、これについてはカブラルも十分高く評価していると思います。ただ、短期間にすべてをやろうとすれば、没落するのがあたりまえなんでしょう。とにかく僕は、エンクルマはプラスであったと、そう思います。

石塚：いやあ、なにしろ僕は、エンクルマを詳しく勉強する前にカブラルに入ったようなものでーエンクルマのことはむろん昔から知っていたんですがーエンクルマのマイナスを乗り越えていこうとする部分を先に学んだといった感じなもので、そういうことからエンクルマのマイナス面をより強く意識したんです。

白石：うん。それからね、カブラルのアドヴァンテージというものもあると思う。彼は一九四〇年代にリスボンに留学して、そのあとギニアの植民地組織のなかで働いて、それからまた五〇年代の末にＰＡＩ（アフリカ人独立党）を作って活動を始めた。その前カブラルは、交渉などによる平和的独立というものを追求していくんです。ですがポルトガルが三流の帝国主義だったからそうはいかなくなってしまったということです。それに対して、ほかの帝国主義は、かたちの上ではとにかくアフリカに独立を与えたんですが。その結果、これは新植民地主義なんだということをカブラルはずっと見てきた、五〇年代から六〇年代を通して。だからカブラルはよくわかっていたと思う。アフリカの指導者の内実というものがどんなものかをね。そういったことすべてを含めてもね、僕は率直に言ってエンクルマはプラスだと思います。

僕の知り合いにガーナ人がいるんですが、いまロンドンで第三世界ブックレビューみたいな雑誌を先年から出しているのですけれど、そこがクワメ・エンクルマ・ハウスという名のブックセンターなんです。エンクルマの名をつけているんです。そういうことからしても、エンクルマは歴史をつくり、歴史に残る人物であったのです。バランス・シートをマイナスにするのはおかしいですね。

石塚：外交面で資本主義諸国に向かって発するエンクルマの言葉に、「アフリカが経済的に自由になり政治的に統一されたときに、独占資本家は自らの国内で自らの労働者階級と対決することになろう。そして、新しい闘争が起こり、そのなかで帝国主義の消滅と崩壊は完全なものとなるのであろう」（『新植民地主義』）というものがあります。これは、言葉上のあげ足とりをしなければ、哲学者の廣松渉さんなんかのような―ここのところ亜紀書房からの執筆依頼でちょっと廣松さんを読み直す機会があったので印象に強いんです―先進国革命論の旗手のような感じで七〇年代をずっと来た人たちのみかたからすれば主語と述語が入れかわる、つまり、先進国革命によってこそ後進地方の革命も完全なものとなる、という図式にかわるんでしょう。日本では窮民革命とかいろいろなのが流行したんですが―竹中労さん、太田竜さんたち―、またいまでも多くの人たちが真剣に議論していましょうが、こうした議論は、先ほどの文字と大衆のところで白石さんがおっしゃったように、一部インテリの発想という批判をうけるかもしれない。けれどエンクルマの場合、アフリカからの土着の声として―エンクルマだってインテリだよ、と言ってしまえばそれまでなんですが―、僕は何よりも傾聴に値する宣言であると思ったんです。それに、これはレトリックなんかじゃないと思いますしね。

ところが、カブラルは、これよりもう少し深いところから―どうもカブラルびいきなものですぐこういった表現になります―やはり同じことを言っている。第三世界が先進国を包囲するという発想、しかし両者には独自の課題があり、比重は先進国側にも第三世界側にも等しくかかっているという構えがある。これはエンクルマが工業化主義に立ちましたから彼の場合は何となくぼけていますが、カブラルではすっきりしていると思います。

白石：あの後進諸国というか被植民地国というか、そこで革命とか社会変革が起これば、それは当然波及します。先進国で起これぱもちろん波及する。すべて相互関係になっていると思う。だからカブラルは言っていた――ギニアで革命が起これぱポルトガルの植民地主義はつぶれると。だが、ファシズムがつぶれるかどうかはあんたがたの問題だと。まァ、ギニアの場合はファシスト国家まで引きがねがいっちゃった、七四年・七五年のポルトガル革命で。だから、それは当然そうなるんだと思うよ。

石塚：カーネーション革命、リスボンの春のことですね。アフリカで何が起きても、ヨーロッパあるいは先進国で革命が起きない限り、アフリカは再び危機に陥るとか奇形となる、クーデターが続発するだけマイナスだ、などと考えたら、それは歴史を見る眼がない、事実にそぐわない発想ということです。

白石：ギニアビサウっていうのはたかだか八〇万の、日本の四国くらいの国家でしかないのです。国際社会のなかでの超ミニ国家です。にもかかわらずカブラルのものの考え方は非常に大きい。これは重要です。

石塚：そのとおり。それにつけても、いったいあの人はどうやって勉強したんでしょうね。何を肥しにして主義を築いたんでしょう。白石さん正木さん岸和田さん共訳の『アフリカ革命と文化』をみただけではイマイチよくわからない部分がありますが……。まァ、僕の印象では、カブラルの学習の場は、即、闘争の場なのであって、机上でなく闘争の現場から理論をつかんだといったらいちばんピッタシなのだろうといったところです。

白石：そのとおりです。そうだと思いますよ。

石塚：インテリとして、学者として解放理論を研究したんじゃないですね。

白石：カブラルが何よりも重視したのはね、自分たちの社会の現実をどれだけ深く認識するか、ということなんです。アフリカの指導者はみなプチ・ブル出身で、みなよその国へ行って勉強して、自分の国の歴史すら宗主国の大学へ行って学んでくるというところがある。エンクルマはアメリカで苦学しますがね。で、歴史にしても社会の現実にしても、みんな教えてもらうんです。そこに彼らの憤りは十分あるんだろうけれども、にもかかわらず、高水準の学者に言われれば反論できないところが、そういう深みがあるわけでしょ。けっきょくヨーロッパ風の考え方、植民地支配者側の考え方に反発をもっていても、同じような考え方が出来てくる。その視点からアフリカの近代化とかを考えてしまう。いまのアフリカ指導者の多くは、宗主国の同じ大学の同じ教授のもとで同じカマのメシをくった連中なんです。ヨーロッパの国ぐにの指導者ともそういう関係なんです。だから発想は同じといえる。これに対してカブラルの場合はどこがちがうのか？　一言で言えば、彼は農村を知っていた、農民を知っていた、ということです。二年間、三年間にわたってギニア農村をくまなく歩いた、農業統計をとるために歩いた。それと、土地にはどういう人がいて、どんなことをやっていて、ということを全部知っていく。彼は、ギニアで最初に農業統計をとったんです、ポルトガル植民地にいながらね。これは、なんだかんだいっても、たいへん重要なことです。そういう現実をふまえてこそ、ギニアの社会構造の分析ができたんです。その時、おそらく毛沢東がカブラルにかなり影響を与えたと思います。僕の想像ですけれどもね。

石塚：ひとつのモデルとしてのことでしょう。さて、農村のことがでてきたんで、ここらでカブラル作品最後の「文化と抵抗」、このすごいやつに移りたいと思うんですが。

白石：これは大問題だ。

☆　☆

作品4　カブラル「文化と抵抗」(ギニア・カボベルデ・アフリカ人独立党の学校での講演、一九六九年、コナクリ)

――ギニアとカボベルデの人びとには、自国文化のうちで尊重され、今後もいっそう豊かにされるべき部分と、なるべく早く、しかしあせらずに克服していくべき部分との識別能力を持つことが期待される。昔からの迷信的信仰は信じるに足りない。しかし、伝統的な民間信仰の世界に生きる人びとに、その信仰を捨てよと迫れば、それはある意味で彼らに部族として自殺を命じることになりかねない。なぜなら、彼等のアイデンティティも生活基盤も、そうした信仰生活に深く根ざしているからだ。迷信は迷信として倦まずたゆまず啓蒙していきながら、他方では、そうした信仰生活に解放指導者も入り込み、その深みから一緒に、同じことを体験しつつ、ともに欧米の科学的な精神を受け入れ得る地平にまで高まることだ。異民族同士は、相互の文化的差異が大きければ大きいほど、一民族が他民族を征服・支配しにくくなるのだ。

〈プロムナード討論4〉

石塚：ここではたくさんひかれる箇所があるんですが、その前に、このなかに出てくる言葉のうち「トゥーガ」というのはどんな意味か説明ねがいます。

白石：「外人」です。

石塚：内容としてみればヨーロッパ人、ポルトガル人、そうですね。この言葉が出てくるところで、「偶然トゥーガが私たちの国に持ち込み私たちの頭のなかに入り込んだ文化」、まァ、ヨーロッパ文化のことですが、その「人道的、科学的側面を私たちの頭のなかに残しておくことができなければならない」といっているところがあるんです。僕は、そこでいう「人道的、科学的側面」を残しておけといっている部分を、先ほどエンクルマのマイナス面について話した内容にからめて考えたいんです。つまり、カブラルの場合は呑み込みを確実にやるけれども、だからこそそれはエンクルマのような西欧近代化を意味していないんだということです。そのことは、この「文化と抵抗」のなかでしきりに出てくる「森」に関連します。この「森」っていうのは、「便所」の設置といっしょに話題にされます。そこの箇所なんかでよくわかるんですが、呑み込んでいる主体は森なんです。呑み込まれているのがトゥーガの持ち込んだ諸々の文物制度、科学的側面を持ったものということで、便所なんかも―別に水洗かどうかなんていうレベルではないんですよ―そのひとつとみたらいいと思う。そのように「文化と抵抗」を読み込めるんではないか。

白石：僕はちょっと違うんです。たぶんこの「人道的」というのはヒューマニスティクで、「科学的」というのはサイエンティフィクという言い方と思いますが、彼はそれを普遍的なものというふうに考えている。アフリカのなかでは、それに近いものをもってはいるけれども、しかしヨーロッパが生み出したものの方がすばらしいものだという評価をカブラルは持っていると思うんです。それは入れよう、とね。なぜならば自分たちがあまりに非科学的でありすぎるから、という理由なんだ。ここでもうひとつ重要なのは、カブラルが農業工学をやったサイエンティストだったということがポイントとしてある、僕はそう思います。彼は論理的にものを考える人だった。だから非科学的なことは決して闘争にとって役立たないと考えた。しかも、半人道的なこともたくさんある。拷問のしかた—これは白人の方がたくさん考えたんで、アフリカにはあまりないけれども—、非常に非人間的なことをやるのに対して、彼は憤りを持っていた、それも同じアフリカ人の間でやっていたというので、なおのことそうだった。これをなんとか改めなければ新しい人間、新しいアフリカ人は生まれないんだ、こうカブラルは思っていた。

石塚：それはうなずけますが、アフリカにだって、あるいは森にだって、いいものと悪いものがあるとして、その二つを分けている。そうしておいて、悪いものというのが、いま白石さんのおっしゃった迷信的なこと、非科学的なことがらであるとしている。そして、森のなかにあるよいものをいつまでもとっておきたいが故に、都市の、あるいはヨーロッパの方に備わるよいもの、科学技術のようなものを入れるんだ、こう考える。そこにおいて主軸になっているのは森であって、最終的に森を進歩させるためにドンドン都市のもの、ヨーロッパのものを入れていこうとする。例えば、便所の件でも、本来そんなものはない方が、森のどこででも自由に、開放的にナニをしていられる方がずっと自由で気楽だけれども（笑）、とまず言っておいて—野っ原でやるのは実にさわやか、しかも肥やしになる、ということなんでしょう。これはよくわかる（笑）—しかし、森のある箇所に穴を掘ってそこでみなが用を足し、またそこを通るたびにいかに臭いかがわかる、そうするとこれはひとつの進歩なんだ、森の進歩と人びとの進歩がともにあるんだ、と考えるようになる。そういう意味からいくと、便所というのはヨーロッパ的なものというか、その……。

白石：いや、違う。そのことも科学的側面というのにからみますが、ウンチをその辺で、野グソをしょっちゅうその辺でやるけれども（笑）、それによって衛生上のことが問題になる。幼児の死亡率が高くなるとか、疫病がはやったり。それをとり除かない限りはよりよい暮しができないわけでね。カブラルはそこを言ってるんですよ。

石塚：じゃ、便所なんかなくたって、ない方が本当はいいんだ、というのはどう解釈しますか？

白石：それはね、あの、一種の理想論というか。たぶんね、言葉のはずみとはいわないけれども、そこをむやみやたらに解釈するようなものじゃない、と僕は思うんだなァ。

石塚：でもねェ、カブラルは、現に強い調子でね、便所はまったく進歩的じゃないと言っているんですよ。森のなかで自分たちで用を足している人民が便所を持つ人民よりよほど進歩していることだってある、というかたちでね。たしかに彼は衛生についてしきりに忠告しているけれども、どうして便所についてはない方が本当はいいと言っているのか、そこはしっかり考えるべきと思うんです。ものがたんなる—僕らにしてみるとのことですがね—便所のことだけに、なんでこう力説せにゃならんのか、と思うのです。

白石：うん、便所自体は進歩を示すものじゃないわけです、もちろん。

石塚：即物的というか、その、ウンチをするところ、その入れものというレベルの話では（笑）、僕が言いたいのはそうじゃなくってね……。

白石：森のなかで自分たちで用を足している人民が便所をもつ人民よりよほど進んでいることだってある、とカブラルが言う箇所、これは生態系の問題ですよ。そう思います。つまり、便所をつくって洗い流すとそれきりなんですが、森のなかのウンチであればそれを動物が食って、それがはき出したものを別のが食って、というようなひとつのリサイクルがある。

石塚：あ、いや僕はそういうことよりも、カブラルには森に対する独自のものがある、それが便所の件でああいう言い方になって出てきている、そういう気がしますが。

白石：いや、それは読みすぎじゃないかしらね。あの、全体に、石塚さんの場合はね—まァ、僕の方が読みが浅いのかもしれませんがね（笑）—読みすぎですね。もっと率直にとった方がいいと思うんです。まァ、こんなこと、カブラルに聞いてみなくちゃわかんないですけれども。

石塚：そうかもしれないですね。僕の読みすぎといえば、またそう言われるでしょうけれども、このあいだ社会主義理論フォーラム（一九八五年一一月二～四日）に出てみましたが、そこで聞いたことをクロスさせてみますと、あそこでは緑と赤の対決あるいは対話を問題にした議論があった—ことに最終日にね。しかし緑を問題にした分科会には緑派ばかりが、また赤を問題にした分科会には赤派ばかりが集まっていた—因みに僕は後者に出たんです、ここでは失望して、ずっとだまって聞くだけにしました—、けっきょくかけ橋のようなものは最終日の全体討論でかけ声のかたちで出たのみだった、という印象を、僕はもった。それに対し、森と都市の協調をはかり、森をよくするために都市の科学的側面を利用しようとするカブラルは、完璧なエコロジストの気がするんですがね。どうですか？

白石：あのね、それもねェ、読みすぎだと思うんだ。つまりね、なぜ森が問題になってくるのかといえば、森は闘争にとって非常に重要であった。森にトゥーガは入ってこられない。普通のアフリカ人にしても昼間は入っても夜にはこわくてはいれない。

石塚：生活の場であり、闘争の本拠であったということですね。

白石：ええ。それと、夜入っていけないというのは、そこに悪い神様が、精霊がいて、いろいろ悪さをするから入っていけないという迷信がある。でも、実際には闘争をやっている時、森というのは絶好の隠れ家であるし、苦しみからも逃れられるところということです。だからそこへは入っていかなければならないんです。夜でもね。そうなるとある種の恐怖心をあおるような迷信は否定しなくちゃならない。その否定のしかたとして—これがカブラルの特色なんだけれども—これは科学、科学的社会主義じゃないからダメだ、とは言わない。それよりも、まァよく考えてみたらどうだ、と言う。もし逃げたとした場合、いったいどこへ逃げるのか、どこがいちばん安全なのか、とやる。便所もこれと同じですよ。便所があることによってもたらされる効果っていうのはこんなに大きいものだ、ということです。

石塚：そうですね。便所について「効果」という言葉を使えば、まさしくそのとおりです。さて、もうひとつ、いちばん議論し確認しておきたいことを出します。それは、「文化と抵抗」の最後のあたりに出てくる言葉「批判的同化主義」です。「批判的同化主義の不断の応用」というくだりです。これを白石さんはどうお考えでしょう。

白石：この言葉はオリジナルをもう一回みないとわかんないですね。ただ、これと似たことはこちら（『アフリカ革命と文化』）の方でたしか言っています。

石塚：うけ入れられるものはそうしようとカブラルが言っている、その好例がポルトガル語ですね。これをうけ入れることによってアフリカ社会に欠けているヨーロッパのすぐれた科学技術を導入しようというあたりがすごいですね。

白石：ポルトガルの植民地軍隊のなかに入れられてアフリカへ連れてこられたのはポルトガルの農民でね、無知蒙昧なね。トゥーガはみなすばらしいとは限らない。彼らはポルトガル語をしゃべれはするけれども読めない。ところが、ギニアビサウの解放区では読み書きができるようにポルトガル語が教えられているのをみて、本国の自分たちが文化的に敗北したことを感じるわけです。「あぁ、負けた」とね。ポルトガルの農民なんかはそういう勉強さえできない、地主にこき使われて、それこそ文化なき生活をしていた。にもかかわらずギニアの人びとは、我々がもたらしたポルトガル語を使って、なおかつ子どもたちに読み書きを教えて教育している、自分たちにはできなかったことがギニアビサウではやられている、これはもう我々の文化的敗北だ、ということをギニアビサウのポルトガル人若手将校たちが感じたんです。で、このことはよくわかるんですが、それでもね、できればクレオール語の方をなんとかものにしてほしいと思いますけれどね。

石塚：けっきょく、自分たちのアフリカ的なものをまもるには、ヨーロッパの進んだものをとり入れなければならないという、このことがカブラルをしてポルトガル語による教育を採用させたのでしょうね。重力の説明など、そういった事情を知った上で読むとよい。相手はいまだ非科学的なギニア民衆であっても、つねに議論としては最新のものを総動員して指導する、このカブラルの力量はすごい。

白石：うん、けっきょくあれでしょ、カブラルを殺せばギニアの革命はなくなると思ったんでしょ。実際なくなりましたよね。

石塚：でも、カブラル暗殺後、すこしの間はよかったんでしょう？

白石：ええ、優秀な幹部たちがいましたからね。それにしても、偉大な思想家がそうなるのには幾つかの契機がありましょうが、カブラルの場合は、リスボンで、当時ブラジルで生じた多くの文化運動をも読んで知っていたということがあります。因みに言っておきますとポルトガル、ブラジル、アフリカ―アンゴラ、モザンビーク―圏をルシタニア文化圏（ルシタニアとは古代イベリア半島を指す）ということがありますが、この辺もちょっとみておくとよいかなと思います。

石塚：いやあ、出てくる出てくる、きりがありません。しかし今日のカブラル作品展は、一応この作品が最後です。プロムナードもおわりに近づきました。正木さん、岸和田さんに協力出品していただきながら、有意義なプロムナード討論ができました。ただ、僕自身、『クリティーク』

創刊号に発表した一文と同時期にもうひとつ書いたものがありますので、それをこの作品展の出口近くで紹介させてもらいます（注）。横目でちらっとでもながめてから、本館をあとにされますよう、おねがいして、討論を終えます。

〔注：上記の「一文」とは、本書に収録されている「カブラルのデクラッセ論とギニア・ビサウの現実」で、「出口近く」の文は「カブラルのプチ・ブルジョワ論とアフリカ文化」である。なお、上記著作『文化による抵抗』（柘植書房、一九九二年）の目次を記しておく。序章：アミルカル・カブラルと現代、第一章：カブラルのデクラッセ論とギニア・ビサウの現実、第二章：カブラルのプチ・ブルジョワ論とアフリカ文化、第三章：母権と無政府―アフリカ平等主義を考える、第四章：ウジャマァ社会主義とクリエンテス資本主義―アフリカのプチ・ブル政権の二類型、第五章：〈負の近代主義〉批判―現代ソ連をも駁撃するアフリカ、第六章：プロレタリアート革命と政党の廃絶―バクーニンとマルクスとを超えてカブラルへ。〕

第3章　カブラルのデクラッセ論とギニアビサウの現実

一　カブラルのデクラッセ論

来たるべきアフリカ革命の主体を考えるとき、「アフリカにすでにプロレタリアートが存在している事実を否定することはできない」（イブ・ベノー（1））と力むのは、どうかと思う。況や、アフリカでは「むしろ労働者階級の成長と強化が農民大衆の解放の必要条件であって、少なくともその解放の保障になると思われる」（同右（2））と断じたのでは、現在のアフリカから、民族解放という未来はかぎりなく遠のくばかりだ。右の発想は、その昔、後進ドイツでプロレタリア革命を期待した若きエンゲルスが同志マルクスにあてて書いたある一通の書簡の内容を思い出させる――「我々に向かってこれらの若者たち（旧来の渡り職人――石塚）は、自分のことを『民衆』とか『プロレタリア』とか言っている。しかし我々はただ、ドイツでようやくこれから形成されるはずの共産主義的プロレタリアートにのみ訴えることができるだけだ」（パリ、一八四六年一二月（3））。エンゲルスの、この悪しき近代主義・科学主義のおかげで、後世のマルクス主義者の大半が、マルクス・エンゲルスの原典に忠実な者ほど、革命の主体として近代プロレタリアート跪拝を貫くことになった。

また、イギリスの社会主義者にして『ソウェト以後の南部アフリカ』（邦訳「南部アフリカの階級闘争」柘植書房）の著者アレックス・キャリニコスとジョン・ロジャーズは、その著作のなかで、次のように力説している。「資本主義の競争と浪費を、世界的規模で集団的、民主的に計画される経済に置き換えるという変革は半植民地諸国の労働者と農民が帝国主義諸国の労働者と同盟してはじめて成功できるのである。この同盟を指導できるのは唯一労働者階級であろう。唯一労働者階級が国際的階級なのである。」（傍点原文（4））この発言は、何か抽象的な、個々の現場を離れたところでのことなら、原理的にみてちっとも異論のないところなのだが、右の二人がアフリカ社会に分け入ったところで述べているだけに、たんなる願望めいたアジテーションとしか響かない。

一九七〇年代八〇年代という時点で、アフリカ社会に階級勢力としてのプロレタリアートを想定して何ごとか革命の戦略を議論しても、現実有効性に欠ける。また、近い将来アフリカ社会には近代的なプロレタリアートが急速に形成されるはずだ、との予測のもとに種々革命の御膳立てをしても、むなしい。現在のアフリカ諸国が工業化されれば、やがてそこに自己求心的経済が形成され、ブルジョワジーとプロレタリアートとの二大階級の対立が生じプロレタリアート革命の機が熟す云々の想定は、半睡人の夢のなかでの話だ。アフリカ社会においては、マルクス主義の古典的ヨーロッパ的革命戦略は、そのままのかたちではとうてい通用しない。むしろ、マルクス主義の原理的諸前提をフレキシブルに捉え、時にはマルクス個人を名指しで批判し、時にはマルクス主義なるものを徹底的に再解釈していく必要がある。

ところで、右のような作業を、現実のアフリカ解放という実戦的経験のなかで貫徹した人物の一人に、アミルカル・カブラル（一九二四―一九七三）がいる。

一九五六年、西アフリカ、ギニアのビサウ市に、ギニア・カボベルデ・アフリカ人独立党（P

AIGC）が創設された。この時、同党の書記長に就任したアミルカル・カブラルは、ポルトガル領ギニアの民族解放闘争を成功させるための準備作業のひとつとして、同地域の社会状況の分析を行なった。その結果を彼は、一九六四年に、概略次のように述べた（カブラル『アフリカ革命と文化』による(5)）。まず、ギニア農村では、一方の極には「半封建的」な集団があり、他方の極には「明確な国家組織を持たない集団」がある。前者はフラ人に代表され、後者はバランテ人に代表される。この両極の集団の中間に種々の発展段階の集団が並存している。次に都市に目を向けると、まずは上級・中級官吏、自由業者を中心とする「アフリカ人プチ・ブルジョワ」がいて、次に「賃金生活者」がいる。ただし、前者には小農場主をも含めることにし、後者については「プロレタリアートとか労働者階級とか呼ばないように」する。都市にはさらに、もうひとつの集団、いわゆる「デクラッセ」の集団がある。これはさらに二つに細分される。その第一は「乞食・娼婦といった本当にデクラッセ」の人びとであり、「仮に真のプロレタリアートがギニアに存在するなら、ルンペン・プロレタリアートとでも呼ばれるもの」である。その第二は、「実はデクラッセの人びとから構成されているのではないのだが、それを表現する適切な用語」がないから、仮にそう名付けておくグループである。すなわち「それは、都市のプチ・ブルジョワや賃金生活者の家族と絆をもち、最近農村から出てきた、一般に失業中の若者が大半を占める集団である」。

ギニア社会に存在する諸階層・諸集団をこのように区分したあとで、カブラルは、ギニアにおける民族解放闘争の主体という点からみて、各々の集団を次のように規定する。まずギニア農民であるが、この階層を一括して評価すれば、彼らは「革命勢力」たりえない。宗教的秘密結社を組織して紀元前から反権力の抵抗運動を繰り返してきた中国の農民であれば話は別だが、ギニア農民にかぎっては、彼らが進んで反乱に決起するということは想定しえない。彼らは、「物理的勢力」としては、当面の民族解放闘争にとって最大重要な階層だが、そのままで革命勢力というわけではない。だが、農村諸集団中、国家組織ももたないバランテ人は、他と比べて「ポルトガルに対する抵抗力が強く、植民地侵略に抵抗する伝統をいまなお持続させており、彼らこそが、民族解放の思想をもっともよくうけ入れようとしている集団」である。

次に都市住民をみると、まず「プチ・ブルジョワ」が民族解放闘争に対して三種の対応をみせる。その第一は、植民地主義と深く結び付いた、役に立たないグループである。その第二は、民族主義者としてギニアにおける民族解放闘争に積極的な役割を果たすグループ、いわゆる「革命的プチ・ブルジョワ」である。そして第三は、以上の二者の中間にあって動揺する「優柔不断のプチ・ブルジョワ」である。それに加え、ヨーロッパでならプチ・ブルジョワの仲間ではないのだが、ギニアでは「たいへんなプチ・ブルジョワ的精神の持ち主」で、解放闘争への動員がきわめて困難な集団として、「賃金労働者」の一群がいる。さらに、「デクラッセ」の二グループだが、その第一のグループ、「乞食・娼婦といった本当のデクラッセ」たちのなかには、スパイでもやりかねない解放闘争の裏切り者がいる。これに対し第二のグループ——カブラルは適切な呼び名がないといったので、ここでは「革命的デクラッセ」と名づける——は、「闘争のなかで、きわめて精力的」にして、カブラルらが「後に訓練して多くの幹部を養成」できたグループである。

ギニアにおける民族解放闘争の主体としてカブラルが重視した人びとは、第一に革命的デクラッセ、第二に、カブラル自身もその出身であるような革命的プチ・ブルジョワであり、第三には、未だ国家もなく貨幣使用の習慣も自らはつくり出さなかった集団を維持しているバランテ人のごとき先住諸部族である。それらのなかでも第一の革命的デクラッセを、カブラルはギニアにおける民族解放闘争の、初発からの中核部隊と見做して最大限称えるのである。またカブラルらPAIGCは、ギニアビサウでの武装闘争を開始するに先立ち、革命的デクラッセの一部を隣国ギニア共和国（旧フランス領ギニア）の首都コナクリに送り、同市に設立したPAIGC党学校で政治教育を行い、彼らを解放闘争の幹部、農村と都市とを貫く宣伝工作者等につくりあげた。農村と都市、旧来の生活様式を維持する地方と植民地主義によって急激に変貌をとげた都会での生活の双方に結びついた彼ら革命的デクラッセこそ、カブラルにとってアフリカ革命の真正なるリーダーなのであった。

二　ギニアビサウのアフリカ的現実

「マルクス主義者であるか否か、レーニン主義者であるか否かをとわず、レーニンの分析とその結論の有効性および彼の天才的性格を認めないわけにはいかないだろう」（カブラル(6)）と述べるカブラルは、にもかかわらず、ギニアにおける民族解放闘争・アフリカ革命の主体として、賃金労働者を設定することはなかった。その理由のひとつは、カブラルらが「ギニアにおいて労働者階級を探したものの、見つけることはできなかった。……つまり、明らかに、我々にはプロレタリアートがいなかった(7)」からであった。だがそうだからといってカブラルは、ギニアにおける真の民族解放闘争が、フラッグ・インディペンデンスを越え出る戦いが時期尚早であるとか不可能であるとは結論づけなかった。あるいは徐々に形成されていたものの数的に劣勢なプロレタリアートにすがりつきもしなかった。彼は、その昔、若きエンゲルスがおかしたのと同じような誤りは、けっして繰り返さなかったのである。一九六〇年のカブラルは、ヨーロッパ的でなくアフリカ的な、工業的でなく農業的なままのギニアの現状と現在とを、そのまま解放の出発点とし、現在を現在のうちに、その場に備わっている手段を用いて徹底的に変革しようと志したのである。そのような現実主義的革命思想のなかに、ありえようはずのない幻の革命主体たるヨーロッパ的プロレタリアートの諸概念は、むろんはいり込むことはない。

では、カブラルが直面したギニアビサウ、カボベルデの現実、あるいはさらに広く考えて、エンクルマやセク・トゥーレ、サンゴールやニエレレが直面したところの、第二次世界大戦後のアフリカ的現実とは、いったいどのようなものか。その点を、カブラルのデクラッセ論と関連する範囲で確認しておこう。

まず第一に確認したい点は、現代のアフリカ社会は、ヨーロッパ人の侵入を受ける以前から培ってきた固有の伝統――広い大陸のここかしこで様ざまなヴァリエーションがあるのはむろんのこと――をけっして失っていないということ。次いで第二に、しかしながら現代のアフリカは近代――ヨーロッパ史的時代区分としてのそれ――に至ってからヨーロッパの伝統に確実に影響されだしたこと。さらに第三に、そうだからこそ現代アフリカ文化は、絶対に古来の伝統への単純な回帰をみせることはありえないこと。最後に第四として、表面上ヨーロッパの伝統ともアフリカ古来の伝統とも一致しなくなった現代アフリカ——特に都市部——の社会現象は、にもかかわらず、根原的なところではアフリカ独自のものを主としているとしか言いようがなく、あえて表現すれば、アフリカ文化は、大きく形態変化をみせつつも、けっきょくのところヨーロッパ文化を呑み込むほどのスケールと根強さをもったものであり、さらには、ヨーロッパ的・資本主義的近代文化は、けっしてアフリカの非近代的——前近代的なる形容は断じてできない——文化を虜にすることはできず、事実はむしろ逆ともいえること。

右の確認点は、例えばヤンハインツ・ヤーンの『アフリカの魂を求めて』(せりか書房、一九七六年)をみると、よくわかる。ヤーンは、キリスト教に対決するアフリカ人の宗教・哲学について、次のように述べる。キリスト教伝道に対して「アフリカ人たちは、自らの哲学と宗教とを拋棄するどころか、また、自らを外来の見解に従わせるどころか、彼らは幾度となく、外来の宗教を自分たちの哲学に同化し、縫い目すら分かちがたいまでにそれを自分たち自身の思想体系に縫い込んだのである。……そして(キリスト教との——石塚)混成的な形態が生ずるところでは、アフリカの信仰がキリスト教のそれに適合させられるというよりはむしろ、その逆であるということは、強調に値するように思われる(8)」。ヤーンのこの指摘を、いま一歩ここでのテーマに引きつけて解釈してみると、次のような具合になる。すなわち、カブラルが、ギニア農村において、たとえよりましな勢力であったにせよ民族解放闘争に積極的に参加してくる集団と評価したバランテ人は、既述のように、きわめて原初的な社会構成のまま長期にわたって部族生活を送ってきた。だがそうだからといってバランテの人びとは、ポルトガル人の持ち込んだ高度の諸文化には容易に同化することなく、むしろそれらをギニアの地からたたき出して、自らの生活——紀元一世紀にストア派のセネカが称えた自然人・辺境人の生活にたとえられようか(9)——を以前同様に維持していこうとする。財産と土地は村のもの、日常の生活道具は家族または個人の占有、政治といえば日常的な諸問題を議論し解決する長老会議のみというバランテ社会、このもっとも自然的な部族集団こそが、「植民地侵略に抵抗する伝統をいまなお持続させて(10)」いるのである。先史のフェティシストの化石ともいうべきバランテ人が植民地主義と闘うとき、彼らは、昔ながらの弓矢にかえて近代兵器を手にした。そのわけは、彼らの生活に適合し続けてきた武器(アフリカ文化)に比べ近代兵器(ヨーロッパ文化)がいかにすぐれたものであるかという認識に達したからではない。そうではなくて、植民地主義との実際的戦闘の諸局面で、その近代兵器が彼らの旧来のフェティシュを投げ棄ててまで獲得するに値する、バランテ人の自由を保障する新たな、神聖にして真正なフェティシュ(11)であるという認識に達したからである。すなわち、ここでバランテ人が第一に選んだ行為は、アフリカ文化によるヨーロッパ文化の呑み込みであった。そしてカブラルは、バランテ人のその意識とその行動とを、民族解放闘争にきわめて重要な役割を果たすものとみ、たとえ彼にとっては「迷信」にすぎぬともフェティシュを大切にする人びとにたいし、その「使用を禁止してこなかったことを誇りに」思ったのである(12)。

ではいったいギニアには、ヨーロッパ人の侵入以来数百年を経ても、なぜそのように原初に近い社会が残りえたのであろうか。一七、一八世紀に奴隷貿易の中継地としてヨーロッパ人に踏みつけられた時代は別として、すくなくとも一八七九年にポルトガルの植民地になってからのギニア社会は、列強の帝国主義諸政策によって内外から激しく揺り動かされたはずである。にもかかわらず、振幅に差はあれヨーロッパ史の通常概念からするとおしなべて前近代的と規定される集団がギニア社会に残存したのは、なぜか。その理由のひとつは、ギニアビサウが、アルジェリアなどの入植型植民地でなく、商業植民地であったことである。カブラルの言葉で表現すれば、「多くの部族はポルトガル人の手で経済的に破壊されつつあったが、ポルトガル人支配者たちは、破壊すると同時にギニアの人民をより巧妙に支配すべく部族的上部構造の維持を図った[13]」からである。ポルトガルは、ギニアの経済を壊したものの上部構造は残した――カブラルはそう主張する。唯物史観の鉄の法則からすれば、ギニア固有の経済（土台）が崩れたなら、ギニア固有の上部構造だけが従来通り残るはずはない。だがカブラルは述べる――「経済的下部構造は、たとえば文化に影響を及ぼすが、我々は下部構造の方も変えることができるのであり、実際長いあいだ、多くの人びとがあたかも前時代の構造のなかで生きているかのように行動し続けるのである。この現象は、前時代の上部構造の特徴の永続性と呼ばれる」。（傍点原文[14]）

　なるほどカブラルの主張するように、ギニア社会に植民地主義が侵入し帝国主義的世界経済がギニアに触手をのばしても、アフリカ的共同体と共同所有は、漸を追って変質こそすれど解体することはなかった。ギニア社会がそのようであったからこそ、先史以来のアニミストが帝国主義と戦うとか、フェティシュをたずさえて近代戦に勝利するという現象が、事実として存在するのである。その際、マルクス主義をきわめてフレキシブルに解釈すれば、その現象もまた唯物史観によって説明されうるのである。原初的な文化――普遍性を有するが故の原初性――を備えたバランテ人が、自らを自らのままで、その現場で現時点において解放しようとする行為、これを一種の革命と名づけることにマルクス主義者は同意するだろう。逆に、そのようなギニア社会の民族解放闘争に対し、それでもなお頑強偏屈に、近代プロレタリアート跪拝で臨む者は、もはやマルクス主義者といえないのである。すべての国ぐにがヨーロッパ的・資本主義的な方向で近代化するなどと考えられないのと同様、アフリカのすべての国ぐに――国ぐにといっても植民地主義が近代国家という悪しき制度をアフリカに持ち込んだのだが――にブルジョワ革命を期待したり、階級としてのプロレタリアートの普遍的成立を夢みたりすることは、正しくない。それよりもむしろ、原始共同社会からはほど遠いにせよその崩壊過程にあってヨーロッパ人とで出くわしたバランテ社会が、非アフリカ的な回り道をすることなく一挙に未来協同社会へ飛躍するほうが、ないしはその方向へ一直線に進むほうが、はるかに現実的にして科学的なのである。そのコースをカブラルは、「社会主義的解決策」を用いて歩もうとした。彼はフェティシュ的な、原始共同制時代からの遺物と、近代的な、資本主義的な諸文化のすべてを総動員して、民族解放・社会主義国家の樹立を展望したのであった。

その時、カブラルの眼前に存在した革命の指導者は、ギニア社会の伝統的な部分を代表する農村と、ヨーロッパ物質文化の強烈な影響にさらされた都市との双方に結びついた人びと、いわゆる革命的デクラッセであった。この階層を発見して以後のカブラルは、原理的にみて革命の主体となるものや物理的勢力として革命の実戦部隊となるものと、初発から、闘争のゆく先を最も見通しにくい時点から革命的でありうる階層とを十分識別し、そこにマルクス主義の教条的なあてはめは断じて挿入しなかったのである。また、アフリカ革命・民族解放の主体をそのように設定したからこそ、ＰＡＩＧＣは、一九七四年、すなわちカブラル暗殺の一年後、ついにポルトガルからのギニアの独立を実現しえたと判断できる。

それからもうひとつ、アフリカの民衆が文字を識らぬままであり続けてきたことをヨーロッパ的な基準で解釈し、それと「野蛮」とを同義に解釈するならば、これはやはりヨーロッパ文化教条主義であり、アフリカ社会の根原を捉えそこねてしまう点を、ここで付け加えておく。すなわち、カブラルらが武装闘争を開始した一九六三年において、ギニア社会は識字率一パーセントであり、大学卒業生は全土でわずか一四人でしかなく、解放闘争に加わるバランテ人その他の人民は、すでに触れたことだが、科学的な知識でなくメズィニャと称するフェティシュの助けを借りていた。だがしかし、例えば彼らが文字を読まなかったということは、ヨーロッパ文化の受容による民族文化の変質・崩壊を防止するのにプラスであり、また土着の言語をまもるために、あるいは土着語によるアフリカの文化―それは一言でいえば〔ントゥ〕であり、アフリカの人びとにとって汲めど尽きせぬ生命の泉である――を守るには最良であった。それから、アフリカの人びとが大切にするフェティシュだが、これはアフリカの宗教がヨーロッパのそれとは全く違ったものであることを象徴するものである。彼らのフェティシュは、崇拝の行なわれている時にだけ人びとの眼前にあるが、そうでなければ投げ棄てられるものである。また「アフリカ人は自ら、自分を支配する神々を彫ることはなく自分が支配するところのさまざまの像を彫るのである。」（ヤーン、傍点原文(15)この宗教観は未開でない。それをどうしても未開だというのなら、むしろキリスト教の方こそ、その最初期を除いた全期間を通じて野蛮であり続けたというべきだ。

三　デクラッセと革命

カブラルがギニア民族解放闘争の重要な中核と見做した革命的デクラッセは、なるほど個別ギニア社会の特殊性から見て真に闘争のリーダーたりえ、実際に解放運動を勝利に導いたのであるが、だからといってすぐさまデクラッセ一般が革命的であるという結論を短絡的に引き出すことはできない。またカブラル自身もデクラッセを二つに区分し、「真実にデクラッセの人びと、つまり完全失業者や売春婦など(16)」は解放闘争の敵だとも述べている。そこで、前節までで検討したカブラルのデクラッセ論がはたしてギニア社会を越え、アフリカまでも越えて、どの程度まで普遍的性格を獲得できるものか、その点を考えてみる必要がある。

この議論を展開するのに恰好の論文が手元にある。高草木光一の「オーギュスト・ブランキにおける革命の主体――『デクラセ』概念の再検討」(三田学会雑誌七七―四)である。そのなかに次の一節がある。「ブランキにおける革命の主体は、現実の労働運動の主体それ自体のなかにただちに見いだされうるようなものではなく、階級全体の利害の上に立ち、階級全体と運命を共にする階級意識、革命意識こそが主体たる必須条件だったと言うべきだろう」。「問題となっているのは、ブルジョワからの『階級落伍』ではない。労働者に対する世俗・無償・義務の『総合的な教育』の主張という文脈の中で、『デクラセ』、『デクラスマン』は語られている。ここでは『デクラスマン』は教育と同義であり、『デクラセ』は、教育を受けた者を指している。ブランキが、労働者階級の状態を無知と貧困と捉えていたことを考えれば、『デクラセ』とは、教育を受けることによって、そのうちの無知から抜け出したもの、階級のおかれた一般的状態から離脱したものである。つまり、自らの災禍の源泉を知り、階級意識に目覚めた労働者（文脈上これはマルクスのプロレタリアートとは区別される――石塚）、革命の主たる労働者を、ブランキは『デクラセ』という言葉で理念化したと考えられるのである。とすれば、彼の武装組織は少数の知識人より成る閉鎖的な集団ではない。自らの階級意識を自覚したすべての労働者に開かれたものである(17)」。

一九七〇年代からブランキ復権を叫んできた私ではある(18)が、ここでブランキ論を展開するつもりはなく、デクラッセ概念再検討のために右の引用を行ったのである。高草木の右の説明を読むと、ここに定義化された内容は、カブラルの革命的デクラッセ概念とほぼ一致する。第一に、デクラッセとは落伍でなく飛躍を求めるが故の離脱である点。これは、隣国ギニア共和国の首都コナクリにおいて政治教育と実戦訓練を受けたギニアビサウの革命的デクラッセたちに言い当たる。第二に、デクラッセとは自らの災禍の源泉を知った者である点。これはギニアの革命的デクラッセが、植民地主義に抵抗する民族主義的革命勢力プチ・ブルジョワと、それのみでは革命的でなくたんに物理的勢力にとどまる農民とを結びつけ、かつギニアビサウが英仏でなくポルトガルに搾取された結果生じた特有の社会状態を適格に認識しえたという点と重なるであろう。

カブラルがギニア革命の中核とみなしたデクラッセと似たような社会的境遇の人びとは、同時代つまり他のアフリカ社会にも、むろん存在する。その一例をあげれば、南アフリカ、ヨハネスブルク近郊、サウス・ウェスト都市居住区、通称ソウェトに住む数十万人のアフリカ人がそうである。一九七六年六月、このソウェトで、アフリカーンス語の強制授業に抗議して一万人の黒人学生が蜂起したが、その反乱の中心勢力は明らかにデクラッセ的青年たちであった。キャリニコス・ロジャースによれば、この蜂起が生じた時、ソウェトの失業率は五四パーセントに達していたし、「反乱を指導したのは、その前途に失業と飢餓賃金以外の現実しかない学童少年と無職青年たちだった[19]」。アパルトヘイト打倒をスローガンとしたこの蜂起は、しかし失敗に終わった。その原因を、キャリニコスらは次のようにみる。もしこれが黒人労働者階級の指導によるものであればいざしらず、失業者や学童少年による蜂起でしかなかったため、おのずと限界があった。ソウェトにおけるこの時の「黒人青年の反乱は、一九六〇年代の先進資本主義国における学生反乱と類似性をもつ。……両方の運動とも、体制を打破する力に欠けていた[20]」。

以上の指摘からわかるように、キャリニコスらは(黒人)労働者階級至上論者である。彼らは、ソウェトのデクラッセ勢力の噴出して四散した力(戦闘力・破壊力)のみを評価し、その潜伏し意識下に沈む力(指導力・創造力)をみていない。その点はカブラルと決定的に相違する。むろん、カブラルとて、最初からデクラッセたちに革命的創造力を見ぬいていたわけではない。日々の戦闘過程で、双方が民族解放への目的意識を明確にしていくなかで、デクラッセたちのなかにかの潜在的な力が精華として発現してくるところをカブラルが目撃したのである。なるほどギニア等他のアフリカ諸国と違って、南アフリカだけは唯一自己求心的経済を達成し、ヨーロッパ資本から一定程度自立したブルジョワジーが存在している。それ故また同時に、南アフリカだけは、一階級として、ブルジョワジーに対抗しうる最大の政治勢力としてプロレタリアートが形成されつつあると判断することもできよう。だがしかし、西ヨーロッパ資本主義国のプロレタリアートがこぞってそうであったように、そもそもプロレタリアートというのは、それが団結しブルジョワジーにたいして一定程度の圧力をかけうるようになると、その団結を維持・強化するため、これに加わることのできない、あるいはむしろ団結成立のためには必然的に犠牲とされる部分の未組織労働者と対立し、ブルジョワジーがしかけてくる操作によって、経済的には未組織労働者の上に君臨するようになるという事実を、この際考慮せねばならない。その点でキャリニコスらの見解に対する効果的な駁撃となるのは、カブラルよりもむしろファノンである。植民地プロレタリアートを徹底的に軽蔑しデクラッセを心底称えたファノンの視野は狭いのでなく、広いのである。このあたりの議論について、R・ブラッキィは次のように述べている。「ファノンとカブラルはルンペン・プロレタリアート（ここでいうデクラッセ――石塚）の問題では全く異なっている。マルクスはこの集団にいかなる建設的活動も不可能だと考えた。カブラルは、彼らが常に植民地主義者を助けるために信用できないという程度にはマルクスに同意している。しかし、カブラルはルンペン・プロレタリアートを（すでに述べたように――石塚）二つの集団に区分した。……ファノンはルンペン・プロレタリアートの集団にカブラルと類似的な区別を行なっていない。ファノンは語る。地方に始まるアフリカ革命はルンペン・プロレタリアート――『都会の周辺部に閉された農民の一部分、つまり植民地体制のなかでいまだしゃぶりつく骨を見つけられないでいる部分』——を通じて都市へ浸透していくだろう。ひとたび政治化したこの集団は『都市における革命の最尖端』になるだろう。」（傍点原文(21)）

ファノンとカブラルとでは、デクラッセという語によってイメージされる社会的階層に若干のズレがあり、またファノンはカブラルのようにデクラッセを二分せずすべてを称えているが、しかしデクラッセについて両者に共通する重要な内容がある。それはデクラッセが、都市＝ヨーロッパ化されだしたアフリカと農村＝悠久の共同体的慣習を少しでも残している伝統的アフリカを結びつけ、植民地主義・新植民地主義を打倒し民族解放を実現する革命指導部を形成する、とされている点である。このような指導力は、都市の労働者階級・プロレタリアートには備わっていない。これは確かなことである。農村まで完全に近代化されつくしたような西ヨーロッパの場合なら——厳密に観察したなら、そのような例はイギリスにもあてはまらないかもしれない——いざしらず、農村を犠牲にし、都市周辺部にスラムを肥大化させつつ近代国家に成長した国ぐにでは、必ずやデクラッセの革命的役割が存在するのである。ブランキが生きた時代のフランス、バクーニンがプロパガンダの旅をした時代の南欧、それに植民地主義・新植民地主義からの民族解放闘争に決起したファノンやカブラルの時代のアフリカにとって、戦闘的にして創造的な階層は、近代プロレタリアートではない。そこでは、彼らは数的に劣勢であるか、あるいはブルジョワジーの操作によって幾分なりとも馴化されている。それらの地域で真に革命性を発揮しうる人びとは、むしろ組織労働者の団結力のため常に失業状態と背中あわせにされている未組織労働者やひどい窮乏化のため農村から都市周辺部にはき出されてきた裸同然の貧民たちのなかから出現する革命的デクラッセ、数による団結でなく意識による団結を求めるデクラッセたちなのである。その昔マルクスが革命の主体として確認したような近代プロレタリアートは、現在、近代化の進んだ国ないしは新植民地主義国における豊かに富み、革命性を喪失している。そのような時、原理的にいかに正しい認識であれマルクスの古典的学説をそのまま繰り返して唱えるのは、反マルクス的である。その点で、ヨーロッパの労働者に対するカブラルの次のような警告は傾聴に値する。「我々はすべてのファシズムに反対しているが、我々の人民はポルトガル植民地主義に対して闘っているのであって、ポルトガル・ファシズムに対してではないことをはっきり再確認しなければならない。ポルトガルにおけるファシズム粉砕は、ポルトガル人民自身の仕事であり、ポルトガル植民地主義の打倒は我々人民の仕事である。ポルトガルでファシズムが没落したとしても、ポルトガル植民地主義の終焉とはならない――この仮説は何人かのポルトガル反体制派の指導者によって主張された――かもしれないが、我々はポルトガル植民地主義の掃蕩が、ポルトガル・ファシズムの崩壊をひき起こすと確信している(22)」。やはりカブラルは、ギニアビサウのデクラッセにも、ポルトガルのプロレタリアートにも等しく、現在を現在のうちに解放する革命主体を見とおしているのである。その点を理解せずに、マルクス教条主義的にデクラッセ論を批判する者たちは、とくに白石顕二ほかが達意の翻訳によってわが邦に紹介してくれたカブラルを、じっくりと読んでみることだ。

(石塚正英)

註

（1）イブ・ベノー、片岡幸彦訳『自立するアフリカ――イデオロギーと現実』新評論、一九八一年、二〇一頁。

（2）同上、二〇二頁。なお、アフリカ革命における労働者階級の重要性を過大に強調した例として、一九六一年に出版されたＪ・ウォディスの『続・アフリカ――獅子はめざめる』から一節を引こう。「新しいアフリカ諸国が直面する、多種多様な大事業のなかで、アフリカの労働者階級、つまり、次第に民族運動の先鋒となっている新しい成長する不屈の勢力には、特別な義務と責任がある。声明や論文や決議の中で、アフリカ労働者階級と労働組合の指導者は、前途を予見し、政治的独立を獲得し外国支配に終止符をうつという当面の段階の先を眺め、アフリカ人民が努力と犠牲の十分な成果をうけつぎたいならば、とらねばならぬ手段を考慮することができることを示している」。ジャック・ウォディス、アジア・アフリカ研究所訳『続・アフリカ――獅子はめざめる』法政大学出版局、一九六五年、三七〇頁。

（3）『マルクス・エンゲルス全集』第二七巻、大月書店、一九七一年、六八―六九頁。悪しき近代主義は若いマルクスにも時折見られた。以下はその一例。「我々は労働者と小ブルジョワ諸君にこう呼びかける。諸君の階級を救うという口実で全国民を中世の野蛮状態につきもどすような、過去の社会形態に逆もどりするよりは、むしろ諸君の全員に解放をもたらすべき新しい社会を建設するための物質的手段を、その工業によってつくりだす近代のブルジョワ社会で苦しむほうを選びたまえ、と！」『全集』第六巻、一九六四年（初版一九六一年）、一九一頁。この文章は、「モンテスキュー五六世」と題し、『新ライン新聞』一八四九年一月二三日付、第二〇二号に掲載されたもの。このような考えだから、マルクスには現実生活と革命との接点が見つけられなかったのである。やらねばならぬ時には、やるしかない。カブラルはその立場だ。

（4）A・キャリニコス／J・ロジャーズ、白石顕二訳『南部アフリカの階級闘争』拓植書房、一九八〇年、二六二頁。

（5）アミルカル・カブラル、白石顕二・正木爽・岸和田仁訳『アフリカ革命と文化』亜紀書房、一九八〇年、四七頁以下参照。なお、本訳書は、わが邦で最も信頼のおける、かつ唯一のカブラル・オリジナル翻訳書である。よって、その目次を以下に掲げておく。

Ⅰ　ギニア・ビサウの現実と闘争
（1）ポルトガル領アフリカ植民地の現実
（2）ポルトガル領植民地主義と闘うギニアとカボベルデ
Ⅱ　ギニアの社会構造
（1）ギニアの社会構造に関する簡素な分析
（2）ギニアとカボベルデ社会の諸特徴
Ⅲ　人民戦争の実践
（1）実践的諸問題と戦術
（2）武器の権力
Ⅳ　民族解放のイデオロギー

(1)社会構造に関連しての民族解放の基礎と目標
(2)レーニンと民族解放闘争
V　民族解放と文化の役割
(1)民族解放と文化
(2)独立闘争における文化の役割

(6)同上、一九八頁。
(7)同上、五九―六〇頁。
(8)ヤンハインツ・ヤーン、黄寅秀訳『アフリカの魂を求めて』せりか書房、一九七六年、一三三頁。アフリカの土着信仰が外来のキリスト教なりイスラム教なりを呑み込むという現象は、アフリカ社会を正確に分析するに際し、けっして見落とされてはならない要点である。アフリカに限らずヨーロッパでも、この現象はかつて存在し、いまもその余韻を遺している。拙著『フェティシズムの思想圏』世界書院、一九九一年、『フェティシズムの信仰圏』世界書院、一九九三年、参照。
(9)本書第三章に引いたセネカの文章を参照。
(10)カブラル、前掲書、五三頁。
(11)アフリカにおけるフェティシズムの伝統については、前掲拙著『フェティシズムの思想圏』『フェティシズムの信仰圏』参照。
(12)カブラル、前掲書、一三〇頁。同じ頁で、カブラルはさらに次のようにも述べている。「我々は人民に対して、そうした迷信がまったく役に立たないことを闘争のなかで自分自身でわからせるようにした」。「戦士が初めにメズィニャ（フェティシュのこと）の助けを必要とするなら、それをもたせておく。だが、彼はやがて理解する。最良のメズィニャは塹壕なのだと」。ポルトガル軍との戦闘で、バランテ人のフェティシストはフェティシストのままでかかわるのである。カブラルはその次元から出発する。

(13) 同上、一二〇頁。

(14) 同上、八七頁。なお、カブラルは、ギニアにおけるポルトガル植民地経営の特徴として、「ポルトガル植民地主義は、わが国では土地を収奪しなかった」「搾取の現場はまさにこの流通過程にあった。アンゴラの賃金労働者や企業雇傭者のように、労働過程で搾取されているのではないのである」と述べている。一二五頁。

(15) ヤーン、前掲書、一八一頁。なお、神が人間をつくるのでなく、人間がまず以って神をつくる、という構えは紛れもなくフェティシズムを表現している。拙著『フェティシズムの思想圏』『フェティシズムの信仰圏』参照。

(16) カブラル、前掲書、五五頁。なお、ファノンもまた、「ルンペン・プロレタリアート」という表現で、最下層の植民地人民を二様に分けている。一方における「最もラディカルな革命勢力」、他方における「傭兵として植民地軍隊の側に立つ」。ファノン、鈴木道彦・浦野衣子訳『地に呪われたる者』(『フランツ・ファノン著作集』第三巻)、みすず書房、一九六九年、七四頁、六八頁。

(17) 高草木光一「オーギュスト・ブランキにおける革命の主体」、『三田学会雑誌』第七七巻、第四号、一九八四年・八三、八六―八七頁。

(18) 私のブランキ論は以下の拙著に記されている。『叛徒と革命――ブランキ・ヴァイトリンク・ノート』イザラ書房、一九七五年。

(19) キャリニコス/ロジャーズ、前掲書、二一〇頁。

(20) 同上、二一八頁。

(21) R・ブラッキィ、阿里浩平訳「ファノンとカブラル」、『インパクト』創刊号、一九七八年、一一三頁。ここでブラッキィは、「ファノンはルンペン・プロレタリアートの集団にカブラルと類似的な区別を行っていない」とし、ファノンのルン・プロ全面賛美を強調している。しかしファノンは、叛乱勢力が革命側に歩み寄るルン・プロを無視すると、彼らは植民地軍隊の側につくこともあると、しかと認識している。本章の註(16)参照。

(22) カブラル、前掲書、三五頁。

第4章　カブラルのプチ・ブルジョワ論とアフリカ文化

一　〔絶対的文化〕の奪回――精神の再アフリカ化

一九五六年、その当時ポルトガル領であった西アフリカ・ギニアのビサウ市において、植民地主義打倒と民族解放を目指した組織、ギニア・カボベルデ・アフリカ人独立党（ＰＡＩＧＣ当初の名はアフリカ人独立党ＰＡＩ）が結成されたが、その創設者の一人に、同党書記長アミルカル・カブラルがいた。

一九二四年九月、ギニアビサウ第二の都市バファタで教師の子として生まれたカブラルは、一九四五年、ポルトガルのリスボンにある農業高等研究所（大学）に留学し、そこで農業工学・農業経済学を学んだ。その間、明確な目的意識は認められないまでも、幾人かのアフリカ人留学生と、アフリカを再発見するための啓蒙的・相互教育的な会合をもった。また『カボベルテ詩に関するノート』（一九五一年）等を発表した。その後カブラルは、一九五二年、ポルトガル政府の農業技術者の資格でギニアへ帰国し、そして一九五六年、右に述べた党派を秘かに結成するに至った。それから一八年間、一九七三年一月に暗殺されるまで、カブラルはギニア・ビサウとカボベルテの独立・民族解放のため、全力を尽くしたのである。

その生涯の最期近くの数年間に、彼は、全世界の被抑圧諸民族の徹底解放にとってきわめて有益な、ある一連の発言を行なった。それは、一九七〇年二月二〇日、アメリカ合衆国のシラキューズ大学で開かれた故エドゥアルト・モンドラーネ（モザンビーク解放戦線議長）追悼集会での講演

――『民族解放と文化』として論文化――のなかに示され、また一九七二年七月、パリのユネスコ本部で開かれる専門化セミナーに提出した報告書――『独立闘争における文化の役割』として論文化――のなかに示されている。

以上の二論文でカブラルは、被支配民族の文化は、外国支配に抵抗する一要素として価値を有するとし、また文化は「人民の歴史の成果となると同時に、歴史の決定因となる」とも述べる。さらには、一度は植民地支配下におかれ外国文化、ゆがんだ物質文明に感化されようとも、アフリカ人はフラッグ・インディペンデンス（国旗のみのたんなる政治的独立）を越えて、「精神の再アフリカ化」を獲得せねばならないと説く。そこからカブラルは、物理的な次元では「自由のための暴力」を、また精神的な次元では農村や都市の労働大衆が担うアフリカ土着の文化を、民族解放闘争の源泉であると結論付けた。そしてまた、右の暴力と文化の関係について、「武装解放闘争は、文化的進歩の道を歩むまぎれもない強行軍を意味するのだ(1)」と解釈したのである。

カブラルがこれほどに文化の革命的役割を強調しても、我々は他にそれと似た発想を既に知っているから驚かない。だがいまひとつ、民族文化の絶対的価値とでも表現すべき側面を強調するカブラルを前にしたなら、我々は仰天する。それは、西欧物質文明を頂点におき、非西欧的・非近代的文明のうちのなにがしかを下の下におくところから出発する文化論ないしカルチャーショック論とは無縁のところで立てられた、絶対的価値を表現するカブラル独自の文化論である。通例の西欧文化論では次のようになる。例えばイギリス植民地主義がアジアのある地域にその触手をのばした時、それらの諸地域では、その相対的な文化発展段階に応じて、あるいは産業革命後のイギリス文化の高みから見たそれぞれの頂の高低に応じて、およそ三種の対応が見られた。その一つは、カルチャーショックが激しすぎ、完全植民地とされたインドの例である。またその第二は、なるほど政治的には一定の独立を保ったものの経済的にはほぼ全面的に侵略をうけた中国の例である。そして第三は、一九世紀西欧文明を早急に模倣して吸収すれば当初のショックを和らげられることができそのギャップを埋め合わせることができるほどの文化的高みにあった日本の例である。セポイの反乱、アヘン戦争からアロー号戦争、ペリー来航から明治維新というそれぞれの激動は、西欧的文化論では以上の読み込みがなされる。そのような読み込みはまた、コロンブス航海以降の南北アメリカ大陸先住民のヨーロッパ人による侵略のされ方においてもみられる。すなわち、太古の昔に陸続きのベーリング海峡を越えて新大陸に渡ったモンゴロイド系住民のうち、北の部分の人びとはついに狩猟段階をいくばくも出ることがなかったため、近代ヨーロッパ文明に突如出くわすや、そのショックはあまりに甚大で、その深刻さはインドの人びとの比でなく、文化的どころか人種的にも殆どヨーロッパ人によって無力に帰されるところまで侵略されたが、南の部分の人びとは自力で農耕段階まで進み、マヤ・アズテック文明、インカ文明を築き上げていたため、ヨーロッパ文明に遭遇してもカルチャーショックは北ほどひどくなく、これと自らの文化とを融合させ得、自らの存在をラテン・アメリカ文化のなかに再生させ得た、云々。

カブラルは、ギニアビサウの現状とアフリカ固有の文化について、このような西欧文化論的読み込みは、断じてしない。そのような読み込みを、本能的といえるほどの鋭さでもって拒絶する。

彼は『民族解放と文化』のなかで、次のように言う。「被抑圧人民の文化と抑圧者の文化の差異が大きければ大きいほど、こうした勝利（偉大な政治的・道徳的勝利——石塚）は可能となってくる。歴史が証明するところによれば、征服者の文化と類似する文化を持つ人民を支配しその支配を維持することの方が、困難は少ない。ナポレオンの失敗は、その侵略戦争の経済的政治的動機にどのようなものがあったにしろ、彼の野心を自国の文化に多少とも類似した文化を持つ人民を支配することだけにとどめておくことができなかったことに起因する、と確信できよう。同じことが、古代、近代、そして現代の帝国についてもいえる(2)」。

アフリカ文化を他のそれと比べた場合における相対的な評価でカブラルが基準とするものは、ヨーロッパ的・近代合理主義的な優勝劣敗法則ではない。彼は諸大陸の文化を並行的にみることはあっても優劣的にはみないのである。彼は、ある一つの文化のなかに、それを担う人びとが独自に培ってきた価値を、まず見通す。ただそれのみという固有性のなかに普遍的なものを体現する、そのような価値を有する文化をもって、優れた文化と規定する。他と比べての優ではなく、人類に普遍的と評価されることがらと一民族に固有と評価されることがらとの双方不可分なものの体現度をみての、一文化内的な優なのである。その観点からみたなら、「アフリカ大陸の自然諸条件の無限さと多様さをこえて、アフリカ人民の文化はひとつの否定しえない現実(3)」であり、「アフリカ文化の普遍的価値は、いまや、議論の余地のない事実(4)」なのである。その際、この絶対的価値を持ったアフリカ文化を担ってギニアの民族解放闘争を最も精力的に推進した人びとのなかに、先史のフェティシストの末裔ともいうべきバランテ人があった。「このような国家組織をもたない集団が、他集団と比べポルトガルに対する抵抗力が強く、植民地侵略に抵抗する伝統をいまなお持続させており、まさしく、彼らこそが、民族解放の思想をもっともよくうけ入れようとしている集団であったのだ(5)」。カブラルが重視する文化とは以上のごとき内容のものであり、それを担ったギニアビサウの解放戦士とは、以上のごとき非近代人——非であって前ではない、あくまでも現代人——なのであった。そこには、物質文明に浴する者ほど人間性を喪失していくといった反文明史観が垣間見られなくもない。少なくとも西欧的物質文明一辺倒を拒否する彼の姿勢には、それが感じられる。紀元一世紀の昔、すでに物質文明によって堕落の途をひた走っていたローマの支配階級をみて、自然法思想家セネカが嘆傷の思いで次のように述べた。カブラルのアフリカ解放論とは直接何の関係もないのだが、以下に引いてみる。

「いまだローマ帝国の保護領域に入っていない諸民族のすべて、たとえばゲルマン人とかイステル(ドナウ——石塚)河畔地方を放浪する諸民族を考えてみるがよい。彼らには無際涯の冬が、どんよりした天空が重くのしかかっている。不毛の土地は収穫に乏しい。豪雨でも、わらか葉でしかそれを防ぐことができない。こおりついた沼の上を歩きまわり、食物には野獣を捕獲する。いったい彼らは不幸なのであろうか。習慣によって第二の天性となったものを、ひとは悲しむべきことと感じはしない。必要に迫られて始めたことでも、あとになれば喜びとなるのである(6)」。

カブラルは、そのような、人類のユートピアに花咲く絶対的幸福を第一にしたのだが、ヨーロッパの教条的なマルクス主義者たちは、人類社会の物質的発展を第一にして、セネカ的カブラルを非難するという過ちを犯している。だがカブラルは、どちらかといえばセネカが愛した自然人に近いバランテ人の人びとに対し、「社会主義国家の樹立(7)」を通じての大飛躍を自力で達成できると説き、現に彼らを民族解放の戦士にまで高めたのである。その飛躍の度合は、ロシア革命や中国革命の比ではない。このようなことを可能ならしめたカブラル革命論の根原にあるもの、それは経済構造とか土台とかでなく、アフリカに固有の絶対的文化なのであった。この真髄は、ドイツ農民戦争指導者『トーマス・ミュンツァー』を書いた時の、一九二一年当時のエルンスト・ブロッホの真髄と触れあっている(8)。

二　アフリカのプチ・ブルジョワ政権

西欧的な科学技術でなく、あるいはまた近代合理主義精神を身につけたプロレタリアートでなく、第一にアフリカ伝来の文化とアフリカ土着の非近代人とを民族解放の支柱にしようとしたアフリカ解放論者は、実はカブラルが最初ではない。そのような論者は一九三〇年代からアフリカ固有の文化をネグリチュードという表現に象徴させて回復させようとしてきた一群の人びとのなかにまずみられ、次いで二〇世紀後半に至ってその潮流の政治的な部分の代表としてのアフリカ社会主義者のなかにみられる。そこで、カブラルのアフリカ解放論を分析する補助的作業として、ここでは一九五〇年代末以降に陸続と独立を達成したアフリカ諸国の指導者中、特にアフリカ文化を社会主義と結びつけて政策決定を行なってきた人物の一人、タンザニアの前大統領ジュリアス・ニエレレ（一九二二―一九九九）を例に引いてみたい。

ニエレレは、一九八〇年一〇月の選挙で五選を果たし、独立以来二〇年以上タンザニア（もとはタンガニイカ）の元首であり続け、しかもアフリカではめずらしくも、追放されたり暗殺されたりせずに大統領職をまっとうした――一九八五年一一月に引退した――政治家である。そのニエレレは、一九六二年四月、自身が議長をつとめるＴＡＮＵ（タンガニイカ・アフリカ人民族同盟）の刊行物として『ウジャマァ――アフリカ社会主義の基礎』と題するパンフレットを発表した。この文は、もともとはタンガニイカの首都ダルエスサラームにあるギヴコニ・カレッジ（ＴＡＮＵの政治教育学校）で開催されたアフリカ社会主義会議での彼の講演をまとめたものだが、そのなかに次の一文がある。少々長くなるが読み切ってほしい。

「社会主義は――民主主義と同様――心の態度（an attitude of mind）である。社会主義社会において人びとが互いの福祉を配慮しあうという状態を保障するのに必要とされるのは、社会主義的な心の態度であって、模範的とされるような政治体制の厳密な固守などではない」。「アフリカ社会では、『豊かな』個人も『貧しい』個人も、ともにまったく安心であった。……だれも食物あるいは人間的尊厳に飢えることはなかった。というのも、みな個人的な富はもたず、彼の所属する共同体が所有する富に依存しえたが故にである。それが社会主義であった。またそれが現在の社会主義なのである」。

「伝統的アフリカ社会ではだれもが労働者であると私が述べるとき、その『労働者』という語を、たんに『雇主』の反対語として用いているだけでなく、『のらくら者』とか『怠け者』とかの反対語としても用いている。……資本家あるいは土地搾取者が伝統的アフリカ社会に知られていなかっただけでなく、我々には、他の形態における近代的な寄生虫――のらくら者あるいは怠け者、『権利』として社会の歓待を受け取ることはあってもけっしてその返報をしない人びとも、いなかった！」。

「我々は、ここタンガニイカでは寄生虫の成長を許してはならない。TANU政府はアフリカに伝統的な土地所有の習慣に復帰しなければならない。換言すれば、社会の構成員は、自らが使用すると言う条件で一片の土地を得る資格が与えられるであろう」。『ウジャマァ』、すなわち『家族愛』は、我々の社会主義を表現している。それは資本主義に対立する。資本主義は、人間による人間の搾取という基礎の上に幸せな社会を築こうと努める。またそれは、人間と人間との不可避的闘争という哲学に基づいて幸せな社会を築こうと努める空論的社会主義（マルクス主義――石塚）とも、等しく対立する。

我々は、アフリカにおいて、民主主義を『教えられる』必要がないのと同様、社会主義に『改宗させられる』必要もない。双方とも我々自身の過去に――我々を生んだ伝統社会のなかに、根付いている(9)」。

アフリカ社会仕儀に関するニエレレの以上の発言を一読するならば、西欧的あるいはマルクス主義的な社会主義者・共産主義者は、まず、ニエレレをプチ・ブル政治家の代表としてなじることはあっても、けっして多様化する社会主義潮流の最先端に出現した新たな旗手であるとは認めない。ニエレレが、社会主義とは「心の態度」のことだと述べたり、伝統的なアフリカ社会には階級対立とか階級闘争はなかったと述べるとき、たしかにその発想はマルクス主義とは無縁のものと解釈できる。だが頭のやわらかいマルクス主義者ならば、このニエレレの発言をアフリカ的諸事情のなかにおいてもうすこし深いところから検討するゆとりを持っているだろう。例えば、マルクス・エンゲルスが『共産党宣言』第一章の冒頭で「今日までのあらゆる社会の歴史は、階級闘争の歴史である(10)」と宣言した場合、それは近代的な階級対立、すなわちブルジョワジーとプロレタリアートとの対立を第一の出発点にし、この二者間の闘争の歴史に結びついていくものとして、中世・古代の諸階級闘争に言及しているにすぎない点、したがって、中世や古代の社会を唯物史観によって捉えたからといって、中世・古代の被支配諸階級・諸身分が階級意識をもって闘争を組織したというふうにはけっしてならない点を考慮する必要がある。また『宣言』中の右の引用文に付けられた、一八八八年英語版へのエンゲルス注にも注目せねばならない。

「すなわち、あらゆる書かれた歴史である。一八四七年には、社会の前史、すなわち記録された歴史に先行する社会組織は、全然といっていいほど知られていなかった。その後……氏族《ゲンス》の真の性質および部族に対するその関係に関するモーガンの称賛すべき発見(11)によって、原始共産主義社会の内部組織が、その典型的な形において明らかにされた。この原始時代の共同社会の解体とともに、別べつの、遂には対立する階級への分裂が始まる(12)」。(傍点とルビは訳文のまま)

ニエレレのいう社会主義をマルクス主義者が真剣に批判したければ、少なくとも右の二点――実を言えばモーガンのみならずバッハオーフェンの『母権論』も無視しえないのだが(13)――を念頭において、アフリカ社会の歴史的実情をとくと見きわめねばならない。すでに前節で触れたように、カブラルがギニア解放の主体の一部に考え、実際に解放の戦士となってポルトガル兵と闘った人びとのなかには、「原始共産制の崩壊段階にあって原始共産制そのものとはほど遠いもの」であれ、おそらく「その最終段階……における崩壊期にある(14)」バランテ人がいたのである。一九六〇年代、七〇年代のアフリカ社会には、わずかながら、そのような、氏族制社会の枠はあってもいまだ国家組織をもたないままの社会があったのである。そのことは、フォーテスとエヴァンズ・プリッチャード編の一九四〇年刊行の書物『アフリカの伝統的政治体系』(邦訳みすず書房)に、すでに明瞭に示されている。そのなかでプリッチャードは、伝統的アフリカ社会にみられた諸政体を次のように大別する。

「本書で叙述する政治体系は、二つの類型に分かれる。Aグループは集権化された権威、行政機構、整備された司法制度、つまり政府をもつ社会からなる。このような社会では富、特権、地位の上の差が、権力と権威の配分に相応している。ズールー、エングワト、ベンバ、アンコーレ、ケデがこのグループに入る。Bグループは集権化された権威、行政機構、整備された司法制度のない、つまり政府をもたない社会からなる。そこでは身分、地位、富の上で明確な差は認められず、ロゴリ、タレンシ、ヌエルがこのグループに属する。政府を形成する諸制度を整えたものを国家とて定義すれば、Aグループを原始国家群、Bグループを無国家社会群と呼べるだろう(15)」。(傍点は訳文のまま。なおここに引かれた部族はA・Bの両グループのたんなる一例と見做される。)

アフリカ社会には、たとえみるかげもないほど変形していても、その本質の根を掘り出してみるとソキエタス的な跡の残っている非政治的・無国家社会があって、それが「伝統」の一部をつくっていたのである。ニエレレのウジャママア構想は、したがって西欧的ソーシャリズムの実現を目指すのでなく、アフリカ的ソキエタスの再発見を目指すものとして理念化されているのである。そこからまた、ニエレレの言う「労働者」と「近代的な寄生虫」の関係が解釈されねばならない。TANU政府は、一九六七年七月のアルーシャ宣言以降、基幹産業の国有化をはじめとする社会主義政策を実施し、一九七二年からは行政の地方分権化政策を採用し、この二つの大改革によって農村におけるウジャマァ路線を拡大したが、これはマルクス主義者からみれば社会主義でも何でもなく、まさにタンザニア国民総中産化・プチ・ブルジョワ化の試みといってよいものであった。だがここで、ニエレレのウジャマァ建設に対し、「ブルジョワジーになろうとする秘められた目標を持っている(16)」(サミール・アミン)と断じ、ウジャマァ政策に無価値の烙印をおしたなら、アフリカ解放の道は袋小路に入ってしまう。況や「世界革命の水準では、農民と労働者階級に代わりうる指導性は存在せず、急進的なプチ・ブルジョワジーも指導性をもちえないのだ(17)」(アミン)と原則論をぶち、アフリカ的水準を世界的水準のなかにすっかり溶かし込み、アフリカ世界に立つからこそ見通せる世界史像を見失ったのでは、万事休すである。いままでに存在したものと現にあるものと二者を用いてしか未来は切り開かれない。アフリカにおいて無国家社会群が現在であれば、それはその段階から即座に世界資本主義の大転覆の上に成立する協同社会(アソシエーション)に移行すべきなのである(18)。中間段階の社会への過渡的移行は論外である。そのような理論(テオリー)と実践(プラクシス)とを一体のものとして提起したのが、わがアルミカル・カブラルなのである。ニエレレおよびウジャマァ路線は、カブラルの批判にさらされることによってのみ、アフリカ解放運動史の一ページを飾ることができる。

三　カブラルの革命的プチ・ブルジョワ論

現在の困難事を現時点で解決すること、現在を現在のうちに徹底的に解放すること、ひとつの困難にぶちあたったとき、即座にこれをはねのけようとする行動に出る場合にのみ、はじめてこれを克服する決定的な手段がみつかるのだということ。ギニア解放の組織者・指導者カブラルは、その認識を彼の革命理論の根底と前面とに据えている。そこからして、カブラルにおけるギニア解放の主体は、現に存在する種々の階層の中から能動的に、すなわち解放闘争それ自体の中で形成されるべきものであって、その第一が、革命的デクラッセであった（本書第三章をみよ）。ただし、革命的デクラッセたちは、ギニアでの民族解放闘争の創出過程では、他の革命諸勢力の連合を達成するパイプ役という役割が強かった。すなわち、デクラッセたちはまず、現状ではまったく革命的でないギニア農民たちを物理的のみならず精神的にも革命的にさせる任務を背負った。また同時にデクラッセたちは、都市に存在する労働者やプチ・ブルジョワ諸層にも働きかけて、その一部を解放闘争へ決起させる任務を負っていた。そして、この二つの任務はほぼ果たされた。その際、デクラッセたちによる、潜在的革命勢力のこうした結集活動の中で、最も闘争に理解を示し最も戦闘的に行動した部分がバランテ人等の「国家組織をもたない集団」であったこと、それから最も動員困難であったのは賃金労働者、カブラルによれば「たいへんなプチ・ブルジョワ的精神の持主」である賃金労働者であったということ、それから、ギニアにおける民族解放闘争の

「思想的源泉」となって大いに貢献したのが「こう呼ぶのはおそらく正確ではないかもしれないが」とカブラルが条件つきで挙げた人びと、「革命的プチ・ブルジョワ」であったこと、以上の三点は、ヨーロッパのマルクス主義者には絶対に首肯できない指摘である。だが、文化の絶対価値を認めるカブラル、単純な進歩史観や近代主義を採らないカブラルは、右の三点の認識を、プラクシスとテオリーの一致した地平で捉み取ったのである。このようにしてついにカブラルは、ギニア革命の主体として、革命的デクラッセ・革命的バランテおよび革命的プチ・ブルジョワジーというトリアーデを、一九六〇年代という現時点で獲得したのである。そのうち、革命的プチ・ブルジョワジーについて、カブラルは次のように表現する。

「……革命的プチ・ブルジョワは誠実であるとのみいいうる。つまり、プチ・ブルジョワはあらゆる敵意に包囲されているにもかかわらず、人民大衆の基本的利益とずっと一体化し続けているのだ。人民大衆と一体化するには、プチ・ブルジョワはなるほど自殺しなければならないかもしれない。だがそれは敗北することにはならないだろう。自分自身を犠牲にして、労働者、農民の立場に立ってはじめて、プチ・ブルジョワは自己の甦生ができるからである(19)」。

「先住民えせブルジョワジーの発展が許容されず、しかし、民族解放運動が爆発的に展開する以前の、一般に人民大衆の政治的意識が必要な水準に到達していない植民地的状況こそが、プチ・ブルジョワに外国支配に反対する闘争を指導するという歴史的運命を与えるのである。それは、プチ・ブルジョワが、その主観的、客観的な条件……によって、外国支配から自らを解放するという必要性をもっとも早く自覚することになる社会階層であるからだ。この歴史的責任をプチ・

ブルジョワ層が引きうけるとき、植民地においてこの階層を革命的と呼びうる(20)」。(カブラル、前掲書。なお、傍点とルビは訳文のまま)

カブラルのプチ・ブル階級自殺論は、一九六〇年代末にわが国で拡大した革命運動に見られた「自己否定」の論理を思わせる。右も左も上も下も頭で知った知識人が、自らのブルジョワ的・小市民的属性のすべてを投げ棄て革命的プロレタリアートの陣営に与するよう体で行動すること、これは、そもそも合流すべき革命的プロレタリアート自体が不在の欧米諸国では例外的にしかみられない現象だが、全階層が外国支配の圧制下にあったギニアの知識人たちには一階層的な運動として現象したのである。そしてこの現象を可能にしたものこそ、「精神の再アフリカ化」という表現によって象徴される、アフリカにおける〔絶対的文化〕の奪回行為なのであった。

カブラルは、『民族解放と文化』のなかで、「外国支配に抵抗する一要素としての文化の価値(21)」を熱っぽく語る。ギニア民衆に対し、独自のアフリカ文化へのUターンを促し、ヨーロッパ文化に同化された人びとを警戒せよと訴える。さらには、「経済的、政治的観点から複数のアフリカが存在すると認識できるように、数多くのアフリカ文化が存在する(22)」としながらも、総体としてのアフリカ文化は、物質的にのみ肥大化した西欧文化からの民族解放・アフリカ革命の源泉となる、とする。またそれほどに重要な土着文化は、それはそれで、植民地主義に対する武装闘争によってのみ前進する、とされるのである。また『独立闘争における文化の役割』のなかでは、解放闘争は文化の行為であり、かつ文化を豊富化するものであると述べ、文化は政治を超える。この植民地人のアイデンティティとその文化とは植民地本国民までも啓発する、と述べている。このように強調されるアフリカ文化は、しかしながら、絶対に「近代」という形容詞を必要としない。否、これを拒絶しこれに戦いを挑んでいる。カブラルの革命的プチ・ブルジョワ論の根底にあるこの〔絶対的文化〕は、白石顕二のことばを借りるならば、「『近代』そのものとの対決につき進まざるをえない(23)」価値を有しており、「人間としての存在を否定したヨーロッパ主導の『近代』なるものの総批判へとつき進まざるをえない思想的契機を内包している」のである。ということはまた、カブラルの革命主体に関するこのトリアーデ論は、「近代的学知の分業の枠に押し込められ」たマルクス主義、「〝近代〟を支える不可欠な要素に成り下がってしまった(24)」(小倉利丸)マルクス主義をも徹底的に批判し得る理論ともみなされるのである。

最後に、本章の内容と深く係わる主張として、ジナドゥの次のことばを引用して結びとしたい。「ファノンやカブラルは、物質的基盤や社会的現実に依存し、それを反映しているにもかかわらず、文化は意識に作用を及ぼすことができ、またそうすることによって社会変革の過程を遂行したり、妨害したり、また緩和したりするのを助けることができると、そう主張することもある。その問題は、つねに物質的基盤と、一方で上部構造の諸要素との、他方で文化とのあいだに幾らかの相互関係があるという意味において、御しにくい問題なのである。実際問題として、どちらも他方から分離して動くことはないし、どちらが決定する方でどちらが決定される方かということも、容易には決めかねる。この点で、科学技術の導入がそのための好例を提供している。西洋では、科学技術がその需要者の文化を変えたことはまず疑いない。しかしながら他方、科学技術の応用がその需要者の、少なくとも幾分なりと自己の文化に依存しなければならないというような受容力によって影響をうけたことも、まず疑いないところである。この状態は、そのなかで正確に決定を与えている科学技術が、同時にこんどは文化によって決定をうけているという、一見したところパラドキシカルな状態なのである(25)」。

(石塚正英)

註

(1)二論文についてはカブラル、前掲書、二〇五頁以下参照。

(2)同上、二二三頁。

(3)同上、二二五頁。

(4)同上、二二五頁。アフリカ文化と外部の、とりわけヨーロッパ文化とのありうべき関係について、ファノンは以下のように述べている。「人種主義の終焉は、突然の了解不能とともに始まる。／占領者の、痙攣し硬直した文化が、真実兄弟となった人民の文化に向かって、ついに開かれ、解放されるのだ。二つの文化は相互に対決し、内容を豊かにしあうことが可能になる。／結論を言えば、植民地制度が不可逆的に排除された後、異なる文化相互が相対的立場を引き受けるこのような決意、ここにこそ普遍的価値が存在するのである」。フランツ・ファノン『アフリカ革命に向けて』北山晴一訳(『フランツ・ファノン著作集』第四巻)、みすず書房、一九六九年、四五—四六頁。ファノンによるこの文化論もまた、アフリカ文化に絶対的価値を置いた上で成立している。そのことは、かつて「アンティル人」のおかれた不幸な立場を説明する際、ファノンは十分に意識していたことである。「一九三九年以前、アンティル人は、植民地軍に志願し、読み書きができようとできなかろうと、ヨーロッパ人部隊で勤務した。（中略）アンティル人は分野の如何を問わず、アフリカ人より優れており、別の本質であり、本国人と同化しているということになったのである。しかしながら、外見は少しばかりアフリカ人であったので、つまりは黒かったので、心理経済上ごく正常な反応として、軽蔑から逃れるため自分の国境を固めるよう余儀なくされたのだった。／言うなれば、アンティル人は、アフリカ人より優れていることでは満足せず、アフリカ人を侮蔑していた。それで、白人が現地人〔アフリカ人〕とある程度親しく振舞えたのに対し、アンティル人にはそんなことは全く不可能だった。（中略）こうした態度によって、白人は、アフリカ人を軽蔑するアンティル人を是としたのであった。結局、ニグロはアフリカに住んでいるものだった」。「一九四五年以後、アンティル人は価値観を変えた。一九三九年以前、その眼は白人ヨーロッパに吸いつけられていた。その幸福は肌の色の外へ脱出することであった。これに対し、一九四五年、彼は、自分が黒人であること、それればかりか、ニグロであることを発見する」。同上、二五―二六頁、三〇頁（一部改訳）。

（5）カブラル、前掲書、五三頁。

（6）Seneca, *Von der Vorsehung, in Vom glückseligen Leben und andere Schriften*, Reclam, 1982, S.106-107.

（7）カブラル、前掲書、一六三頁。

（8）Ernst Bloch, *Thomas Münzer als Theologe der Revolution*, Berlin, 1980. エルンスト・ブロッホ、樋口大介・今泉文子訳『トーマス・ミュンツァー――革命の神学者』、国文社、一九八二年。そのなかで、ブロッホはドイツ農民戦争期（一五二四〜二五）におけるミュンツァーの革命神学を次のように描写している。「だからいまからは、反乱農民をただ経済的な観点からだけではなく、もっと深くその心臓をみつめることが正しい。そのとき実際になにが起こり、また起こりえたかを真に理解しようとするなら、経済的動因のみならず、ある別な逆らい難い力と叫び声が、否応なしにつけ加わるのだ。なぜなら、経済的要求は、なるほどもっとも実際的で絶え間ない動機ではあるが、しかし唯一の動機ではないし、つねにもっとも強力な動機というわけでもなく、人間の魂のもっとも固有な動機でもない（とりわけ宗教によってゆり動かされる時代には）。気まぐれに動く人間の意向ばかりではなくて、完全に普遍的に人を揺り動かすところの、そして少なくとも社会学的に実在する精神的な構築物は、いつでも経済上のできごとに作用して、これと対立したり、これを促進したりするのである」。「しかしきわめて当然なことだが、所有にたいするあからさまな無欲は、あらゆる時代に（たとえそれが、ラッサール・ヘーゲル流実体化が主張するほど絶対的なものではないにしろ）存在する経済的必然性を、突き破ることは不可能ではないのだ。たとえばボルシェヴィズムにとって、マルクス主義にむかうには条件が不十分であるという欠陥を、ひたすらマルクス主義への意志、人間性にもっとも迫った理想としての共産主義思想への意志によって埋め合わすことが可能であるならば、ミュンツァーが断乎として革命のプロレタリア化そして千年王国的極限の希望を起しつつ、経済を、歴史を、共産主義への未決済の中間段階を、徹底的に跳び越えた、そのなかにも、なんらドン・キホーテ流の絵空事はないのである」。七四頁、一三六頁。フェティシスト・バランテ人が二〇世紀アフリカ解放の最前線に立ってポルトガル軍を撃退する――この光景もなんら「ドン・キホーテ流の絵空事ではないのである」。

（９）J. K. Nyerere, Ujamaa: The Basis of *African Socialism*, in African Socialism, edited by W.H.Friedland and C.G.Rosberg, Stanford University Press, 1964. p.238, 240, 241, 243, 246. ニエレレのウジャマァ哲学については、第七章でいっそう詳細に議論される。

（10）マルクス・エンゲルス、大内兵衛・向坂逸郎訳『共産党宣言』岩波文庫、三八頁。

（11）ここでエンゲルスが記している「モーガンの称賛すべき発見」は、モーガンの主著『古代社会』（ロンドン、一八七七年）に綴られている。詳しくは青山道夫訳『古代社会』全二巻、岩波文庫、布村一夫『原始共同体研究』未来社、一九八〇年を参照。

（12）マルクス・エンゲルス、前掲書、三八頁。

（13）バッハオーフェンの『母権論』に関しては、第六章でいっそう詳細に議論される。なお、アフリカにおける母権の存在に関し、ファノンは次のように言及している。「アルジェリア社会の父系的特徴の下に、専門家たちは、母系の構造があることを描き出している。アラブ社会は西洋人によってしばしば、外在性、形式主義、役割の社会として紹介されてきた。そのとき、漠とした力と集団との媒介としてアルジェリアの女性は、この上ない重要性を帯びているように見える。目に見える、明らかな父権制の背後に、もっと重要なものとして、基本的な母権制の存在が確認されるのだ。アルジェリアの母親の役割、祖母や伯母や婆さんの役割は、〔専門家たちによって〕整理され、明確にされている」。ファノン、宮ケ谷徳三・花輪莞爾・海老坂武訳『革命の社会学』（『フランツ・ファノン著作集』第二巻・新訳）、みすず書房、一九八四年（旧訳、一九六九年）、一七―一八頁。

（14）カブラル、前掲書、八五頁。

(15) フォーテス、エヴァンズ・ブリッチャード編、大森元吉ほか訳『アフリカの伝統的政治体系』みすず書房、一九七二年、二三頁。

(16)「座談会、アフリカの民族解放と社会主義」出席者：サミール・アミン、アブデルラーマ・バブー、ジャック・ハーシュ、北沢正雄、司会・白石顕二『インパクト』第一四号、一九八一年、七九頁。

(17) 同上、七九頁。

(18) 将来社会としてのアソシエーションについては、以下の文献を参照。石塚正英『ソキエタスの方へ——政党の廃絶とアソシアシオンの展望』社会評論社、一九九九年。同『アソシアシオンの世界多様化——クレオリゼーション』社会評論社、二〇一五年。

(19) カブラル、前掲書、六九頁。

(20) 同上、一七七—一七八頁。

(21) 同上、二二三頁。

(22) 同上、二二七頁。

(23) 白石顕二「カブラルとアフリカ革命」（解説）、同上、二七五頁。本書第一章。

(24) 小倉利丸『クリティーク』誌創刊にあたって、編集人の抱負を載せたパンフレットから。

(25) L. Adele Jinadu, *Some African Theorists of Culture and Modernization: Fanon, Cabral and some others*, in African Studies Review, Vol.XXI, No.1, April 1978, p.126. なお、ジナドゥの本論文については、以下に全訳がある。石塚正英『文化による抵抗—アミルカル・カブラルの思想』柘植書房、一九九二年、巻末資料。

第5章

〔精神の再アフリカ化〕を求める抵抗の諸形態

一　カブラルは死なず

一九七三年一月二〇日夜半、旧フランス領ギニア共和国の首都コナクリで、一人の有能なアフリカ独立運動・解放闘争の指導者が暗殺された。あれから四〇年以上が経過した。我々はこの人物を、そうだからといってたんに想い出として語りたいのではない。世界大で日々深刻化の度をましつつある異文化対立、民族抑圧、大量虐殺を見るにつけ、そうした容易に解決しがたい不和、反目を、それでもどうにかして克服していくために、この人物のオリジナルな思想は、依然として効力を失っておらず、今後も導きの糸となりうるから、この人物に注目したいのである。

ところで、その有能なアフリカ独立・解放の指導者とはだれか――旧ポルトガル領ギニアビサウ、カボベルデという、アフリカ西岸のほんの片隅で、そこの人民に向かい自力解放の思想「政治による 抵抗」「経済による抵抗」「文化による抵抗」そして「武装による抵抗」を訴えたアミルカル・カブラル（一九二四～一九七三）である。カブラルは一九二四年九月一二日、ギニアビサウ第二の都市バファタに、教師の子として生まれた。アミルカルの父は、そのカボベルデ出身であり、カブラルは子ども時代を家族とともに主としてそのカボベルデで過ごした。

ギニアビサウ一帯は、一三世紀から一四世紀頃までマンディンガ人のマリ帝国（一二～一六世紀）に支配されていた。その後、奴隷狩りを目的にポルトガル人ヌノ・トリスタンがヨーロッパ人として初めて、ギニアビサウに足を踏み入れた。それから約五世紀にわたって、この地はポルトガルの支配を被ることになる。一七世紀から一八世紀にかけて、ビサウやカシュウといった港市は、奴隷貿易など商業活動の中心地として重要性を増し、その一帯、特にカボベルデでは白人アフリカ人の混血も進んだ。アミルカル・カブラルは、そのような植民地支配の歴史をもつギニアビサウに、白人とアフリカ人の双方の血を永きにわたって承け継いできた民族の一人として生まれ、成長したのである。そして一九四五年から四九年にかけて、宗主国ポルトガルの首都リスボンにある農業高等研究所（大学）に留学し、農業工学、農業経済学を専攻した。

ポルトガル滞在中、カブラルは自己の思想形成・理論構築にとって重要な二つの体験を積む。一つは、リスボンで、のちにポルトガル領アンゴラで解放闘争を指導することになるマリオ・デ・アンドラーデらアフリカ解放の同志と知り合ったことである。アンゴラの解放闘争は、一九六一年二月アンゴラ解放人民運動（ＭＰＬＡ）の蜂起によって開始されたが、同年四月アンドラーデらＭＰＬＡは、モロッコのカサブランカで第一回アフリカ解放運動指導会議が開かれた折、植民地解放闘争を宣言し、モンロビア・グループ（穏健派）に対するカサブランカ・グループ（急進派）の先頭に立った。カブラルは、そのマリオ・デ・アンドラーデを、早くも一九四八年に知ったのである。

重要な体験の二つ目は、カブラルがのちに母国に帰りギニア農業の全国センサスを行ない、独立のための現状分析・情況認識、そして問題点の抽出をするのに役立つ知識と技術をリスボンで培ったことである。大学卒業後、一九五一年から五三年にかけて、彼は〔精神の再アフリカ化〕を進める。ヨーロッパ文明、あるいはこれに大きく影響された地域の文明は、大なり小なり書かれたものとしての歴史を以て歴史とみなし、歴史とは何よりもまず記録されたものだという考えに立つ。また文化とは、生活それ自体ではなく生活を支えるもの、とりわけ物質的に支えるものと考える。文字をもたなかったり、石器とさして変わらない生活用具にかこまれていたりする民族，これは歴史をもたず、文化をもたないとされる。そうした近代ヨーロッパ的発想から離れ、カブラルは〈精神の再アフリカ化〉をはかっていくのである。そして一九五六年九月、彼は五名の同志ともに、ギニアビサウとカボベルデ人民の独立と統一を求める組織、アフリカ人民独立党（PAI）を結成した。これは、のちの一九六〇年一〇月、ギニア・カボベルデ・アフリカ人独立党（PAIGC）と、党名を改更する。

一九六一年カブラルとPAIGCは、モロッコのカサプランカで、あのアンドラーデとMPLAの運動との共闘をいっそう強めるべく、ポルトガル領植民地民族主義組織協議会（CONC）を設立した。これは、前年チュニスで両者間で結成されていた共闘組織であるポルトガル領植民地の民族独立を目指すアフリカ人革命戦線（FRAIN）の改編組織である。こうしてカブラルは、ギニアビサウ以外のポルトガル領植民地での解放闘争と横の連携をはかりながら、自国での闘争を着々と準備していく。六二年六月にはポルトガル領モザンビークで、モンドラーネを指導者としてモサンビーク解放戦線（FRELIMO）が結成される。そしていよいよ、翌六三年一月、PAIGCの武装闘争が開始されたのである。六八年一月には、アンゴラのMPLAが、それまでコンゴ人民共和国首都ブラザビルに置いていた本部をアンゴラ領内に移転した。翌六九年一月には、スーダンのハルツームで開かれたポルトガル領アフリカと南部アフリカの人民支援集会に、カブラル（PAIGC）、モンドラーネ（FRELIMO）、ネトー（MPLA）らがそろって参加した。その翌月FRELIMO議長エドワルド・モンドラーネがダルエスサラーム（タンザニア首都）で暗殺されるが、運動はシマンゴ、ドス・サントス、マシェルらによって引き継がれていく。

その前後、カブラルは盛んに世界各地を訪問している。一九六六年一月、キューバのハバナで開催された三大陸人民連帯会議にポルトガル植民地ナショナリスト組織協議会（CONCP、一九六一年結成）を代表して出席し、席上「社会構造に関連しての民族解放の 基礎と目標」を報告する。また一九七〇年二月アメリカ合衆国を訪問しFRELIMO議長モンドラーネの母校シラキューズ大学でモンドラーネ追悼の講演を行ない、またニューヨークの国連本部でもPAIGCによる武装闘争の意義を訴えている。四月にはモスクワを訪問し、タシケントでは「レーニンと民族解放闘争」について報告している。さらに六月、ローマで開かれたポルトガル領植民地人民と連帯するローマ会議に出席した。七一年三〜四月には再びソ連を訪問し、ソ連共産党第二四回大会に臨席し、メッセージを読む。その後一〇月フィンランド、イギリス、アイルランドを歴訪し、一一月には三たびソ連を訪れロシア革命五四周年記念式典に参列した。翌七二年五月には隣のギニア共和国の首都コナクリで、前月亡命先の同市にて亡くなった元ガーナ首相エンクルマの追悼集会に出席し、追悼演説（本書第二章を参照）を行なった。その後八〜九月、中華人民共和国、日本、朝鮮民主主義人民共和国を歴訪する。日本では、原水協の第一八回原水爆禁止世界大会に出席した。

諸外国を歴訪したのは、むろんギニアビサウとカボベルデの独立を、アフリカおよび全世界で同時展開する解放諸運動との連携のなかで達成するためである。対ポルトガル独立・解放闘争の組織化に鑑みて、カブラルはすでに一九六五年、コナクリに党の学校を設立していた。その成果は確実に拡大していった。特に、一九六九年一一月、コナクリで幹部セミナーを開き、闘争と生活とに関する徹底した討議を行ない、そこでカブラルは膨大な報告を行なう。「統一と闘争」、「現実から出発し、リアリストであること」、そして「政治による抵抗」、「経済による抵抗」、「文化による抵抗」、「武装による抵抗」。このようにしてギニアビサウ解放の陣形を組織的に、理論的に、そして国際的に構築していくカブラルの手腕を、ポルトガル本国政府は物理的に抹殺することと決定し、一九七三年一月二〇日夜半、カブラル暗殺を実行した。犯人は、何者かに買収されたかそれと気脈の通じていた、ＰＡＩＧＣ内部の裏切り者だった。腹部に最初の銃弾を浴びた瞬間、カブラルはそれでも銃を手にする者たちに訴えかけた。「意見の違いがあれば話そうと、常に言ってきたではないか！」またこうも訴えた。「私を殺すことはできても、縛ることはできない」。しゃべれる、まだ生きている、と思ったその者たちは、今度はカブラルの頭部を撃ちぬいたのだった。

一九七四年四月二五日、リスボンで軍事クーデターが発生し、サラザールからカエタノへと継続されてきたポルトガルのファシズム体制は終焉した。九月、ポルトガル政府はギニアビサウ共和国を正式に承認した。ＰＡＩＧＣとギニアビサウおよびカボベルデの人びとは唱え続ける――「カブラル・カ・ムリ（カブラルは死なず）」と。

二　カブラルにおける「抵抗」の意味

1　政治による抵抗

読者にあらかじめ諒解しておいて欲しいことがある。それは、カブラルの用いる諸用語・諸概念は、通常我々が欧米的な常識として知っている内容と、あるものははっきりと、またあるものは微妙に違っているということである。その一つに「政治」および「政党」がある。そのうち「政党」については、石塚正英『文化による抵抗―アミルカル・カブラルの思想』（柘植書房、一九九二年）の第六章「プロレタリアート革命と政党の廃絶―バクーニンとマルクスとを超えてカブラルへ」にその解説があるので省くとして、ここでは「政治」ないし「政治による抵抗」の内容について解説しておきたい。

カブラルは、アミルカル＝カブラル協会編訳『抵抗と創造』（柘植書房、一九九三年）に収められた翻訳の第一、「政治による抵抗」のなかで、抵抗運動の目標として、次の諸点を述べている。①ギニアとカボベルデの民族的統一の実現と国民意識の創出、②ポルトガル人による植民地支配の破壊、そして③「我々のただ中のあらゆる否定的要因に対して闘うこと」。

目標①はアイデンティティにかかわるものだ。普通、ヨーロッパの中央集権的諸国では――日本の場合は明治天皇制国家以来――国民統合のため、生活過程で人びとが獲得し再確認してきたアイデンティティの破壊が強行される。しかるのち、集団＝国家への共同（幻想）の帰属意識が、凝似的アイデンティティとして人びとに植えつけられる。歴史についても、まず第一に個々人の民俗的・土俗的なそれが捨てられ忘れさせられ、これに代えて、集団として物語られた国史をもつて自己史であるかの錯覚に陥らされる。人びとが彼らの生活圏だけで自己完結し、己が生活文化においてアイデンティティとディグニティを確立すること、これは国家にとつて由々しき事態である。そのような情況においては、だれ一人として国家のために自己犠牲を申し出る者などいないからである。ところでカブラルの場合、アイデンティティはまず以て一個人、一部族において成立し、それを基盤にしてインタートライヴの意識が成立すると考えるのである。

「我々は我が国民が、ギニアビサウとカボベルデにおいて、自分たちの息子や娘たちを通じて、自分で自分の運命を決めることを欲するのだ」。ここに表明された「自分」とは、集団に統合され、価値として辺境を否定され中央に統合されるような個人ではない。ヨーロッパではアイデンティティを断ち切られるのが近代化の出発点であったのに対して、ギニアビサウではアイデンティティの確立が近代化ないし新たな社会建設の出発点なのである。その意味からすると、カブラルの言う「政治」は、例えば一九世紀のイギリスで顕著に観察されたような、選挙権の拡大が実は民衆の力の増大でなく、民衆自身が従来の支配者層に同化しからめ捕られていくといった類のものとは無縁である。カブラルにおいては、「トゥーガ」（ポルトガル人植民者）と闘う辺境の民（ギニア人）が、いま自分は何のために何を実行しているのか、という自覚をたえずもち、辺境の民は己れを文明化させることによってアイデンティティを獲得するのでなく、辺境の民が辺境の民のままでアイデンティティを獲得することが重要なのである。ギニアビサウの人びとにとって、自分の住む森だとか部族組織だとかが他者の力によって解体されることは、遠い昔からそこに生きてきた祖先や自分たち自身が、そこに生きてきた意義とか価値とかとともに全面的に否定されることである。他者による解体でなく自己革新、意識の自己改革を、カブラルはまず以て政治的抵抗の目標とし、それを基盤にしてギニアビサウとカボベルデの民族統一、国民意識の創出にとりかかろうとするのである。民族統一のためヨーロッパでは否定されたものを、カブラルは、同じ目標のための第一の前提としたのである。森（辺境）の解体でなく、森の革新である。

目標②は、明確にギニアないしアフリカにおけるポルトガル植民地主義に限定される。まずは国内において、トゥーガ（外国人）にそそのかされて同胞に武器を向けているギニア人に対しては、「一発の銃弾といえども発射することを禁止したのだ」。次にポルトガル本国に対して、「我々ＰＡＩＧＣはポルトガルのサラザール主義ないしファシズムに対して闘うのではない。それはポルトガル人の仕事であって、我々の仕事ではないのだ」。ＰＡＩＧＣの攻撃目標はポルトガル帝国主義ではなく、ポルトガル植民地主義である。ギニアビサウで革命が起これればポルトガルの植民地主義は潰れる。しかし、ポルトガル・ファシズムが倒れるかどうかは君たちポルトガル人の問題だ、というのである。それからまた、解放闘争に敵対して捕虜になったポルトガル兵に対し、一切の虐待を禁止する。ギニアの闘争においては、「単に白人だという理由で」婦人や子どもを虐待することを、カブラルは「永遠に拒絶した」。これを破る者は「我が党の仕事と政治的抵抗運動に対して妨害活動をしているのだ」。

そしてこのことを十分理解し自覚できるためには、是非とも目標③が達成されねばならない。そこでカブラルが言う「我々のただ中のあらゆる否定的要因」とは何か。それは例えば、「無知、健康の欠如、そしてあらゆる種類の恐怖」である。なかでも、無知が原因で生じる恐怖、これを克服しなければならない。「恐れを抱いている国民は、奴隷化された国民だ」。土着の信仰に左右されて、聖なる大樹に畏敬の念を示し、動物の角を見まいと逃げまどうようであってはならない。とはいえ、この信仰生活がこれまで自分の利益となってきたのであれば、そしてまたその信仰を捨てると志気がくじけてしまうのであれば、少しずつ、少しずつだ。今は恐れの対象であっても、いずれは尊敬の対象に変わるのだ、親はそのよい例だ。かくも無自覚な恐れをもったギニア人だが、トゥーガに対して武器を執って闘う能力はだれにも劣らない。肝心なことは自覚だ。

2　経済による抵抗

解放闘争、抵抗運動を持続させるのに、どうしても欠かせない要因として、独自の経済建設がある。カブラルは、「経済による抵抗」のなかでそのことをしきりに強調している。

歴史上ポルトガルの植民地支配は中継貿易と深く結びついてきた。すなわち、有力な国内産業をもたないポルトガルは、植民地内の経済構造を全面的に改変して本国向けの原料や資源をそこで生産するという方法をとらず、いかなる方法にせよ植民地内で生産された物産を貿易品として収奪し、そこから独占的利益を獲得したのである。したがってポルトガルの場合、同じく国内に有力な産業をもたないスペインのように、先住民の征服を通じて領土的支配を強め資源略奪型植民地を形成するのでなく、要所に貿易拠点、要塞を建設し商館型の植民地経営に努めた。よってポルトガルの植民地支配は、植民地内部の社会構造にあまり手をつけない。なるほど、マンカラと称するピーナッツ類の強制栽培と、ポルトガル商人による低価格での買いたたきはあったが、それとても、かつてスペインが中南米で採用したエンコミエンダ制（植民者に一方で先住民の徴税・搾取を認め、他方で先住民保護とキリスト教化を義務とした）や、オランダがジャワで一九世紀に行なった強制栽培制度よりは締め付けが弱かった。

ギニアビサウ独立にとって、このような植民地支配形態は、長短双方の意味がある。長所としては、先にも記したようにギニア社会は昔から比較的かわらない生活様式・生産様式にあるため、手近なところにおいて自己のアイデンティティを維持しやすい。しかし短所としては、一国の生産力の自由な発展が困難だということである。

カブラルは経済問題を考えるとき、マルクス主義の概念を用いることが多い。彼は、階級闘争主義ではないが、歴史の原動力としては生産力と生産様式を挙げている。しかしカブラルは、生産力とか生産様式という概念は、なにもマルクスが定義したからといってマルクス主義の文脈でしか用いていけない訳ではないと考える。各々闘う者が自身の条件に基づく戦いのイデオロギーを樹立するのにこの概念を引っ張ってきてなんら差し支えない、と考えている。いや、カブラルはもっと現実的なことを考えている。つまり、自らの民族的統一に役立つものであれば、ポルトガル人の残した機構でも、中身をギニア人のものに換骨奪胎して用いようとする。それは、けっしてアフリカをヨーロッパ並みに近代化するためではない。例えば、ポルトガル商人の中間搾取を排除してギニア人が独自にマンカラ栽培を継続したとして、マンカラ資源による外貨収入を一方的に工業発展の投資に回していくというエンクルマ的発想は、カブラルにはとりあえず反省の材料だということなのである。

カブラルは、ほかのアフリカ独立指導者と違って、農村と農民をよく知りぬいていた。数年にわたってギニア農民の統計をとって回った。そのことが、カブラルの説く「経済による抵抗」の大きな要件となっているのだろう。宗主国の首都でヨーロッパ風の生活を楽しみ、自国をも欧米並みの近代国家にしようと思案する指導者は数々あれど、ふたたび母国の最奥地に足を踏み入れ、農業調査・社会溝造の調査を行ない、その場をアイデンティティの基礎としつつ植民地主義打倒の戦略を立てた人物は、カブラルをおいてほかにいない。カブラルにおける「経済」を理解するには、我々はそのような要件を知らねばならない。

3　文化による抵抗

ＰＡＩＧＣに指導されたギニアビサウとカボベルデの人びとには、自国文化のうちで尊重され、今後もいっそう豊かにされるべき部分と、なるべく早く、しかしあせらずに克服していくべき部分との識別能力を持つことが期待される。

ギニアビサウには「イラン」と称する精霊ないし霊能者がいる。そのイランは人びとに様ざまな託宣を下すが、もしイランがある人に、自分の願いを叶えたければ我が子を殺せと告げることがあったなら、逆にそのイランを見つけ出して殺すべきだ、そいつはきっとトゥーガのイランだ。カブラルはそのように述べる。カブラル自身は、本当はイランによいも悪いもない、そんな迷信など信じるな、とギニアの人びとに訴えたい。しかし、土着信仰の世界に生き続ける農耕・狩猟の民に、その信仰を捨てよと迫れば、それはある意味で彼らに部族として自殺を命じることになりかねない。なぜなら、部族経済も部族のアイデンティティもみな、そうした信仰生活に根ざしているからである。だから、ポルトガル兵との戦闘にあたって、もし頭髪を切るのを儀礼的慣習としている部族と一緒のときは、「我々もまた何かことを行う前に頭髪を切った」。それが迷信であることを知りつつ、しかしカブラルは、「ただ面倒を避けるために」割り切ってそのように振る舞ったのである。

カブラルの文化論は類い稀れにして、孤高のものである。彼は言う。スウェーデン人の祖先ノルマン人であるヴァイキングは、「お守り」なしには戦争に出撃しなかった。ローマのカエサルと戦ったガリア人も、イギリス人の祖先も、みなお守りを吊していた。古代ギリシアにはピトニーザと称する巫女がいて占いをやっていた。エジプトでは動物が神で人間はそれに跪拝していた。中国では、毛沢東のたび重なる廃止の努力にかかわらず、いまでもお守りが流行している。そうだ、お守りをもちたがるのは、なにもギニア人にかぎったことではない（今どきの日本人も神社仏閣で事あるたびにせっせと入手している）。だから、それが現実なのだから、その情況を無原則に拒否することはできない。そのようなことをすれば、民衆はＰＡＩＧＣを見捨て、指導者たちだけが宙に浮いてしまう。一方で、迷信は迷信として倦まずたゆまず啓蒙していきながら、他方では、そうした迷信にこりかたまっている民衆の生活過程に入り込み、その深みに自らも定位し、そこから一緒に、同じことを体験しつつ、共に科学的な精神を受け入れ得る地平にまで高まることだ。カブラルの文化論は、このような発想に立つ。

だがそれでもカブラルは、だれもが読み書きできることのすばらしさ、闘争の発展に及ぼすプラスの影響を訴えかける。また、稲妻は神の怒りでなく、正と負の二本の電極間を飛ぶ火花であり、雷鳴はイランの叫び声でなく、大気中を一定の速度で進む音なんだと説明する。「同志諸君、我々の文化を科学に根ざしたものにせねばならない。我々の文化から、非科学的なものはすべて取り除かねばならない。だが、それは今日すぐではなく明日のことだ。しかし今日しっかりと仕事をすれば、明日はきっとこれが可能となるだろう」。

むやみに盗むことは止めよう。村で、森で、スポーツのように楽しんできた盗みは、昔からギニアでは知的訓練として奨励さえされてきた。だが、トウーガがもち込んだ都会における盗みや商業における盗みは、違法・合法にかかわらず、ギニア社会のものとは全然意味が違うのだ。とはいえ、トウーガがギニアにもち込んだものはすべて悪で、ギニア社会のもの、森のものはすべて善という図式も考え違いだ。「森は純粋で、悪いものは無く、都会こそが悪いのだという原則から出発することはできない」。自分たちの生活を豊かにし、民族統一の自覚を高めるのに貢献するものであれば、たとえトウーガの言葉であるポルトガル語だろうと、ギニア社会には必要不可欠なのだ。重力加速度の概念をギニアの人びとに正確に伝えるのに、ポルトガル語はギニア内のいかなる言葉よりも適している。カブラルの文化論は、このような発想に立っている。

4　武装による抵抗

ＰＡＩＧＣに指導されたギニアビサウの戦士たちは、ゲリラ戦でもってポルトガル正規軍をじわじわと敗退に追い込んでいった。カブラル暗殺およびギニアビサウ独立宣言の翌年にあたる一九七四年、解放闘争の現場にいた日本人の伊藤正孝（当時は朝日新聞記者、のち『朝日ジャーナル』編集長）は、そのときの感想を次のように述懐している。

「黒人ゲリラたちは賢くて、しかも卑劣だった。／その賢さとは、戦争とは戦闘の積み重ねではなくて、経済戦であることを体得していることだった。卑劣さとは、優勢な敵とは決して戦わず、補給路をじわじわ寸断することだった。／ゲリラたちは実によく歩いた。同行した私の足の裏は裂けてしまい、靴底に血がたまった。一日に六〇キロ、ときには百キロ歩くゲリラを追うポルトガル軍は、沼地や森林に誘い込まれ、大部隊は次第に分裂させられた。広い道路でしか動けない装甲車、大砲は後方に残された。／敵の装備や兵力がやせ細ったころ、小銃しか持たないゲリラ部隊は包囲戦に転じる。戦闘の主導権を握るのは、銃弾の量ではなくて、文化の差異である」（朝日新聞、一九九二年七月二三日付夕刊）。

伊藤記者は、ここで戦闘における「文化の差異」を重視している。それがいかに重要なことであるかは、伊藤のまえに、カブラル自身が強く認識していた。カブラルは述べる。

「被抑圧人民の文化と抑圧者の文化の差異が大きければ大きいほど、こうした（アフリカ民族の—引用者）勝利は可能となってくる。歴史が証明するところによれば、征服者の文化と類似する文化をもつ人民を支配しその支配を維持することの方が、困難は少ない。ナポレオンの失敗は、その侵略戦争の経済的政治的動機にどのようなものがあったにしろ、彼の野心を自国の文化に多少とも類似した文化をもつ人民を支配することだけにとどめておくことができなかったことに起因する、と確言できよう。同じことが、古代、近代、そして現代の帝国についてもいえる」。（A. Cabral, *Unity and Struggle*, Heinemann, p.147.）

ここでカブラルは、「文化の差異」を指摘し、その度合いが「大きければ大きいほど」に、一民族が他民族を征服・支配しにくくなるという。したがってまた、その差異が大きいほど、抑圧者に対する被抑圧者の抵抗運動が強力となる、というのである。その際、重要なことは、カブラルは「文化の差異」に注目しているのであって、文化の高低を云々しているのでない点である。彼は個々の民族に備わる文化を、絶対的文化——他と比較してでなく、比較しえない唯一性を備えた文化——とみて、これを民族解放闘争の武器、人民結集・武装による抵抗の環とするのである。したがって、彼の理論からすると、アフリカの人びとがもしヨーロッパの物質文明を摂取したとしても、それはアフリカ文化によるヨーロッパ文化の呑み込みとしての摂取であって、同化としてのそれであってはならないのである。カブラルは、こうした〈文化と民族解放〉をギニアビサウとカボベルデの農民に提起し、彼らを解放の戦士にまで高めていったのであった。このようなカブラル文化論には、ヨーロッパ人の自己中心的な文化論、すなわちヨーロッパ文化＝優、非ヨーロッパ文化＝劣、優は劣を倒すか、これを上から指導するかしてよい権利をもつ、といった論理は端から存在しなかったのである。

文化による抵抗の一つの表現であるギニアビサウの武装闘争は、アフリカ人としてのディグニティの防衛を重要な目標にしている。カブラルは、そこで、「武装による抵抗」の演説をアフリカ史のレクチャーから始めている。「ポルトガル人とアフリカの諸国民との接触は、初めは平等を基本に行なわれていたし、場合によってはポルトガル人の方が劣位に立っていたこともあった。というのは、その当時、アフリカにはポルトガルよりも真に発展を遂げていた国家もあったからだ」。その意味では、ギニアビサウの人びとは自生的に発展する能力——生産力——を備えた民族である。しかし、ポルトガル人侵入以後、その能力はひどく踏みつけられ、その自由な発展は極度にゆがめられてしまった。だから「我が国の生産力を抑圧と帝国主義的植民地支配から解放すること」が、武装闘争の第一目標となる。あるいは、そのことを一人一人の目に見える表現に代えるならば、「敵の活動可能な勢力を殲滅すること」であり「植民地主義のポルトガル白人を殲滅すること」である。

その際、ＰＡＩＧＣの幹部たち、および彼らに従う兵士たちには、かなうかぎり生命を大切にする心構えと方法が説かれる。戦場で生き延びようとするのは、なんら卑劣な行為ではない。むしろ、戦闘で死んだ同志は、その者自身にどこか落度か誤りがあったからだ。カブラルは言う。「武装闘争における「最善の防衛は攻撃である」と。そしてまた言う。「戦うための最善の方法は、少人数からなる、大きな勇気を持った集団」である。また同時に、重大な心構えは、「我々は戦争で自分がどこへ行くかを知らなければならない」ということだ。そして結論としてカブラルは、こう述べる。「我々の武装抵抗の根本的な目標は、政治のみによっては達成できないことを実現することにある」。

三　アミルカル＝カブラル協会のこと

ギニアビサウとカボベルデの独立運動、カブラルのアフリカ解放理論に関する本格的な論考なり紹介なりが日本で出たのは、一九八〇年である。この年の三月、川端正久が『政治学と民族・植民地問題』を法律文化社から刊行したが、その第六章「ギニア・ビサウ民族解放運動序説」、第七章「カブラルの行動と思想―概要―」、第八章「カブラルのアフリカ社会論」で、本格的にカブラルとギニア独立の問題が討論されている。また同じ年の一〇月、白石顕二・正木爽・岸和田仁の共訳で、カブラルの論文集『アフリカ革命と文化』が亜紀書房から刊行された。それ以前にもカブラルの論文や動向が雑誌類に紹介されてはいたが、まとまったかたちとしては、上記二点が、日本へのカブラル紹介の開始を告げるものである。

それから五年後の一九八五年、当時季刊誌『クリティーク』（青弓社）の共同編集人だった石塚正英は、同誌創刊号（一〇月）掲載の「発刊にあたって」において、次の一文を記した。「ギニア・カボベルデ・アフリカ人独立党指導者にしてマルクス主義のレキシブルな理解者アミルカル・カブラルが暗殺されてから一一年になる。だが、この有能なアフリカ解放論者に、個別ギニア・ビサウを超えて貫く普遍的な革命思想を見いだしている者は、いまだきわめて少ない。わが『クリティーク』はそのような理論・運動の諸局面を取り出し、これを生産的な意味でのマルクス・クリティークとして、論じていくであろう」。このような宣言を掲げつつ、石塚は創刊号に「アミルカル・カブラルのデクラセ論とギニア・ビサウの現実」を載せた。さらに同誌第三号（一九八六年四月）で、「アフリカの文化と革命―カブラル」と題する特集を編み、それに次の翻訳と論説を発表した。カブラル「文化と抵抗」（『抵抗と創造』に収録した「文化による抵抗」と同一のもの）、「闘争とかかわりあって――アメリ黒人との非公式な対話」、「エンクルマへの追悼」、C・マックレスター「アミルカル・カブラルの政治思想」。以上の翻訳は、いずれも、一九八〇年刊『アフリカ革命と文化』の共訳者たちによるものである。それからもう一本、石塚正英「アミルカル・カブラルのプチ・ブルジョワ論とアフリカ文化」が特集号に併載された。『クリティーク』第三号の特集部分は石塚の責任編集であるが、翻訳の掲載にあたっては白石顕二との協働作業が土台になっていた。

そのようなこともあって、こんどは石塚が自らのカブラル論を一冊の著作にする段において、白石に助言を求めた。出版社の紹介も願った。その過程で白石は、カブラルに注目するいま一人の中山敏秀に石塚の原稿を渡し、中山にも石塚へ助言を与えるように依頼した。その中山は、ポルトガル旅行中に知りあったクレオル語とカブラルの研究者である市之瀬敦を白石・石塚に紹介した。また白石はさらに、ブラジルのサンパウロ大学を卒業後日本で通訳などの仕事をしていた女性、国安真奈を中山・市之瀬・石塚に紹介した。こうしてカブラルをポルトガル語で読もうとする一グループが成立した。
一九九二年一月二〇日付で正式に発足したこのグループを「アミルカル＝カブラル協会(Amircal Cabral Institute)」という。七月にはポルトガル語やクレオル語に関心ある長尾史郎も加わって一段と翻訳力の増したこの協会は、以下の会則・スタッフによって運営されることとなった。

【会則】
一、本会は、「アミルカル＝カブラル協会」と称する。
二、本会は、アミルカル・カブラルの理論と実践を軸とするアフリカ解放思想、アフリカ文化を調査研究することを第一の目的とする。またそれを踏まえ、各方面からの求めに応じて情報交換の任務を遂行するとともに、調査・研究・情報交換の成果を種々の手段を用いて我が国の内外に普及することを主たる目的とする。
三、本会は、入会を希望し、年会費を納めた者すべてを会員とする。
四、年会費は、通信連絡に必要なかぎりの最少限とし、初年度は２０００円とする。なお、会計年度は、4月から翌年3月までとする。
五、本会は、協会長および事務局長各1名、幹事若干名をおき、事務局は下記のところに置く。役員の任期は2年とし、総会で承認・任命される。但し、再任を妨げない。
六、事務連絡のため、事務局が必要と判断した場合、随時、会報を発行する。事務連絡以外の、調査・報告書、翻訳図書の刊行等は、原則として会費によるものとは別の会計をたて、独立採算のもとに行われる。

【運営体制】

呼掛け人（50音順）　石塚正英、市之瀬敦、白石顕二、中山敏秀。

役員　協会長・白石顕二。事務局長・中山敏秀。幹事・石塚正英、市之瀬敦。

事務局（入会等の連絡先）

〒112　東京都文京区音羽一―一七―一一　花和ビル七〇一

フリーダ・ジャポン株式会社・気付け　TEL（03）5395―5141

＊地下鉄・有楽町線　護国寺下車3分

一九九一年二月　アミルカル＝カブラル協会・事務局

本会立ち上げと並行して、会員の一人石塚は、一九九一一年三月『文化による抵抗―アミルカル・カブラルの思想』を拓植書房から刊行した。そのことを中山は、カボベルデに住むアナ・マリア・カブラル（アミルカルの妻）に伝えた。また中山は、カボベルデの首都プライアで発行される新聞『Voz Dipovo（人民の声）』（一九九二年一〇月二二日付）のインタビューを受けた際、日本で中山がどのようにしてカブラルを知ったか、カブラルは中山にとって何なのか、などの質問に応えつつ、自身がカボベルデに来たのはカブラル著作翻訳のための資料収集が目的で、と説明した。カブラル暗殺からちょうど二〇年目、我々によって刊行されたこのカブラル翻訳書『抵抗と創造』は、ギニアとカボベルデの人びとにも、アナ・マリア・カブラルさんにも、よろこばれる仕事なのだろう。充実の一書である。――カブラル・カ・ムリ（カブラルは死なず）！

〔付記〕アミルカル＝カブラル協会の活動は、二〇〇五年に会長の白石が死去してのち、休止状態となって現在に至っている。ただし、個々人レベルにあっては、カブラルに関係する諸活動を継続している。本書編集刊行も、その一例である。

二〇一八年一〇月一〇日記

（石塚正英）

第6章　母権と無政府——アフリカ平等主義を考える

ひとつの橋の建設がもしそこに働く人びとの意識を豊かにしないものならば、橋は建設されぬがよい、市民は従前どおり、泳ぐか渡し船に乗るかして、川を渡っていけばよい。――F・ファノン

一　アフリカ平等主義はレトリックか？

第二次大戦以後しばらくして、欧米先進諸国およびソ連・東欧の工業諸国は、各々の陣営に固有な――すなわち各々の陣営にしてみれば唯一真理であるような――世界史的発展途上にあって、将来的な展望とそれを切り拓く原動力の問題において、同じ種類の限界に遭遇した。その限界はきわめて現代的なものであり、自由主義対共産主義、資本主義対社会主義というふうな体制の区別を超え出たところでの、ないし両体制を貫通する、普遍的な次元で立ちはだかるものとして、最近とみに顕著になりだした。またそれゆえ、その限界を大胆に克服しようとすれば、ともするとイデオロギーの壁を越えて――取り払って――両体制が相互補完的な依存のなかに収斂せざるをえないほどの新局面を不可避的に生み出すことすら、予想される。この限界はそれほど新奇にして克服し難いものなのである。

ところで、ここにいう両体制双方に共通した、現代的な限界とはいったい何か？　それは、例えばI・ウォーラステイン流に語れば、両体制に区別なく作用する法則「万物の商品化(1)」によっ

て創出される危機ということになるけれども、私の場合は体制を超えて貫く進歩史観・近代的理性主義・科学知主義の原理がもたらす危機である。近未来的先端至上を旨とするその原理を、私は〔負の近代主義〕と呼んでいる。また、これを克服する原理として、過去と現在を相補的に捉える多様化史観・非近代的感性主義、歴史知主義の原理、〔正の近代主義〕を考えている。

その際、〔負の近代主義〕の具現として第一に挙げられるもの、それは、〝原子力〟〝核エネルギー〟である。人類および人類社会の自然な発展にとって絶対不可欠な要素に、物質的・外面的な生産・再生産と精神的なそれとがあり、この二つで一つの、密接不可分な統合体こそ、万人によって担われるべき、生にかかわる活動なのだが、そのうち後者の要素が無視され棄て去られる方向に前者の要素が肥大化した段階で、その行程の最終的局面で原子力が、いや〝原子爆弾〟が出現したのである。この化け物は、今でこそ〝爆弾〟とは称せず〝エネルギー源〟と仮称しているが、名称はどうでもかまわない。とにかく〝平和利用〟のままで潜在的に兇器となっており、武器として用いようものなら全人類を数万年の歴史もろとも滅亡させ得るという、そのような破壊物質なのである。だが、先進諸国ではこのエネルギーは人類にとり両刃の剣のごとき代物であるから廃絶せよ、と叫ぶ者は、残念ながら少数派なのである。

だが、私が本書で取り上げる地域、アフリカ世界にあっては、そのような欧米的科学文明に対する評価は、相当違っている。なるほど徒歩よりも自転車の方がよい、人力車よりもガソリン車の方がよい、という進歩志向は、アフリカの人びとであろうと北アメリカの人びとであろうと、同じように懐抱している。問題なのは、先に挙げた「万人によって担われるべき、生にかかわる活動」が阻害されるほど一方的に、物質文明だけが突進する点において、アフリカの民衆は拒絶の態度を示すのである。冒頭のファノンの言葉(2)によく表現されているその態度は、なによりもまず、一七~二〇世紀間の、ヨーロッパに強いられた植民地時代にアフリカ内に築かれた外来文化への拒絶として顕現したが、同時にまた、ヨーロッパで生まれた資本主義そのものと、これを母胎として派生した社会主義、ことにマルクス主義――さらにその派生たるレーニン主義――への拒絶としても顕現したのである。

その際、米ソに代表される二〇世紀二大陣営の政治と文化をもろとも批判し、自らの拠って立つ基盤としてあくまでもアフリカ独自の伝統と現代性を強調した人物に、タンザニアの前大統領ジュリアス・ニエレレ(一九二二~九九)がいる。彼は、アフリカに伝統的な――と本人が主張する――平等主義を理論上の楯にして、一方ではブルジョワ革命と農業革命とを経て不平等な物質文明を築いたヨーロッパ自由主義を批判し、他方では被支配階級が支配階級を武力によって倒すという権力の論理・階級闘争を基盤にして成立するマルクス主義をも、抑圧者の歴史観・価値観として非難した。私は、何の前提条件も付けず、アフリカを越えた全人類の平等をア・プリオリに説くニエレレの態度に、深い感動を覚えるものである。だがしかし、彼のその理想的な政治思想の根幹をなしている〝アフリカ的平等〟というものが、果たして彼の力説するとおり、悠久の歳月を経ても常にアフリカ社会に土台として備わってきたものであるかどうかについては、私も含めて、多くの人びとがはなはだ疑念を抱いている。また、仮にそのようなことが昨日まで事実存在したとしても、科学技術の側面のみ過度に肥大化した欧米主導の物質文明に触れた現在では、そのような〝貧困の平等〟のごとき状態は何らの抵抗もできずに消滅してしまうのではないかとの推測も、ありうる気がする。さらには、以上のような激変が生ぜず、欧米の物質文明と並んでアフリカ的平等主義がこんにち的存在意義を見いだしたとしても、欧米の科学技術から摂取した外見と固有の内的精神とのバランスをいかに保てるのかという点にも、不安を覚える人びとは多い。

そこで、現代および近未来の人類が物心両面で豊かにならんと欲するのであれば絶対に無視することのできない、このアフリカ的平等主義の史的変遷を、以下で次の二点に絞って概述してみたい。その二点とは母権と無政府である。母権的アフリカ社会の問題、無政府的アフリカ社会の問題、この二題に言及することによって、アフリカ平等主義のこんにち的実在の可能性を探ってみることとする。

この作業は、けっきょくのところ、水辺社会的・無国家的バランテ社会によって特徴づけられるギニアビサウの解放運動を我々が知る上で、不可欠なものなのである。

二　母権的アフリカ社会の問題——民族学者の調査

アフリカ社会、とくにバンツー系等サハラ以南の社会は、ヨーロッパ帝国主義諸国が一九世紀後半から植民地化政策を急速に強化・拡大したことによって、それまでの固有の歴史と文化とを奪い取られ、諸民族はいわれなき境界線によって強引に、暴力的に分断され、永年保有してきた遊牧的生活圏や農耕上の慣習の悉くを破砕されていった。だが、ヨーロッパ人がアフリカに対してこのような事態を引き起こしたからこそ、まったく皮肉なことに、我々は今、ヨーロッパ人民族学者が一九世紀末から二〇世紀前半にかけて調査し報告した諸々の学術的研究成果を利用して、現代アフリカ社会の実態を探求し得るのである。このような皮肉は、ちょうど一九八〇年代初の沖縄におけるヤンバルクイナの悲劇的発見と似ている。

こうしてみると、帝国主義時代に名をなした民族学者や地理学者は時代の巡りあわせが悪く、気の毒といえば気の毒である。例えばザイデン・シュトラーセン（絹の道）の命名者リヒトホーフェンの研究成果と独帝ヴィルヘルム二世による膠州湾租借決意など、その典型である。だがここでは、そのような副産物のゆえに利用を断念するのではなく、そうした副産物を根絶するためにこそ、一九世紀、二〇世紀ヨーロッパ人民族学者の業績を進んで利用していきたいと考える。

熊本市の家族史研究会が一九七五年から発行した『女性史研究』をみると、その創刊号からほぼ毎号、R・S・ブリフォーの著作『母たち』（石原通子訳）が連載されている。「訳者まえがき」によると、ブリフォーは「一八七六年に生まれ、一九四八年に死去したが、父はイギリスに帰化したフランス人であ」り、原始社会の婚姻形態の発展について、「動物の母たちから人類の母たちにいたる多くの資料によって、母権先行説を説い」た人物である(3)。そのヨーロッパ人民族学者のブリフォーは、著作『母たち。社会の母系的起原説（*The Mothers. The Matriarchal Theory of Social Origin*, New York, Macmillan Company, 1931）』のなかで、一九世紀末〜二〇世紀初頭のアフリカ社会について、以下の記述を我々に残してくれている。

「アフリカでは、女たちが婚姻のあと、彼女じしんの家族のなかにとどまるという規律が、もっとも原始的でおくれた人びとのあいだで、この大陸のもっとも進歩した諸人種のあいだでも、きびしく守られているのがみられる。現在ではほとんど絶滅している南アフリカのブッシュマンは、小さな諸集団または諸氏族で遊牧生活をおくっている。男は、一人の老女の承諾をえて、放浪する群れのなかにくわわり、一人または数人の女たちの配偶者となり、彼がうけいれられた集団に、彼の狩猟を提供する。彼が彼女たちに満足をあたえないときには、この婚姻は解消され、彼はある別の集団にくわわって、そこであたらしい妻たちをみつけた」。

「妻方居住婚の慣例は、東アフリカでは、きわめてふつうである」。

「大西洋からナイル地方にいたる、そして今ではナイジェリアとフランス領スーダンとしてしられている地域をふくめての、サハラ砂漠の南にひろがっている広大な地域のいたるところで、さまざまな土着人種の社会組織は、特徴として母権的であるようである。出自は女をとおしてたどられ、財産は男によってその姉妹の子どもたちにつたえられた。妻方居住婚の慣例もまたこの地方のあらゆるところで、ひろくおこなわれている。だが今では、父権的慣習がうまれつつあるために、ふるい諸習慣はふつうこわれつつある」。

「アフリカの多くの地方では、そのほかの非文化諸社会におけるとおなじく、妻が夫の家へ連れてこられる場合でも、彼女じしんの家族とのむすびつきは、進歩した父権的諸社会における規律よりも、はるかに密接である(4)」。

一九世紀までのアフリカ社会の構造についてブリフォーは「母権的であるようである」として

いるが、そのような指摘は、わが邦でも例えば山口昌男著『黒い大陸の栄光と悲惨』などに述べられてある(5)。だが、ここでは話題を少し転じて、近代における母権の、あるいはその痕跡の残存形態について執拗な追求を行なった一九世紀の民族学者ヨハン・ヤーコプ・バッハオーフェンの仕事に触れ、その後再びアフリカ社会と母権の問題に立ち戻りたい。

バッハオーフェンといえば『母権論（*Das Mutterrecht*）』（一八六一）の著者としてあまりにも有名だが、彼はこの著作刊行後、一八六四年秋に、マクレナンの著作『原始婚姻（*Primitive Marriage*）』（一八六五）を読んで多大な感銘をうけ、さらにその直後ムンツィンガーの『東アフリカ研究（*Ost-afrikanische Studien*）』（一八六九）に接して、『母権論』以来の自らの学問的歩みに決定的な画期を刻み込んだ。その道標は、一八八〇年と一八八五年の二回に分けて刊行された『古代書簡（*Antiquarische Briefe*）』ということになる。この『母権論』から『古代書簡』に至るバッハオーフェンの学的歩みを解説した一文、ヨハネス・デールマン「バッハオーフェンの『古代書簡』と『母権論』第二回編集」を読むと、冒頭で次の一節に触れることができる。

「バッハオーフェンの名声、それから民族学、社会学、比較法制、宗教研究についての、そればかりか文化史、精神史一般についての、彼の重要性は、『母権論』（一八六一）に基づくものである」。

「だが、我々による（バッハオーフェン——石塚）全集版編集過程で、とりわけ遺稿の前進的な解明作業を通じて、バッハオーフェン像が新たな様相を得るに至った」。

「バッハオーフェンの次なる研究にとって、（マクレナンの——石塚）『原始婚姻』は影響するところ大なるものであったろうが、当面するところはそれでも、母権的なバーレア人とバーゼン人についての記述を含んだ、ムンツィンガーの著作（『東アフリカ研究』――石塚）が、より深い印象を与えていた。ここには、アビシニア（エチオピア）高地の北辺に住む二つの小民族に対する『信用すべき、優れた観察者』が、その文化について完全な描写を与えてくれてあったのだが、それはまさにバッハオーフェンが描いていた観念と、ぴたり一致したのだった。つまり、そこの部族法が、宗教的な基礎の上に立てられてある、ということであった。バーレア人の女が夫妻の貞節と礼儀をまもる点で、東アフリカにあって例外を形成しているのに対し、バーゼン人の女はすこぶる開放的で、貞節など全く知らない。《だが》出自の数え方、相続、それに血讐の義務は母権的である。母は特に敬愛をうけ、老いては情愛深い扶養をうける。彼ら《両民族》は『男児よりも女児を好み、近隣の諸民族とはまったく正反対である。』母方オジの地位は強く際立っている。両民族とも定住の農耕民であり、大きな村落の中で、『平和的にして親密に、殆ど法も国家もなく、自由に平等に』守旧的にして永続的な民主主義的心操のなかに、同居している。『奴隷制度は奇異なものであり、また異郷の者さえ即座に同化される。』その静的な共同体《ゲマインエーゼン》を、彼らは外敵から勇猛果敢に防衛する（6）」。

バッハオーフェンは一八八七年に没しているが、現代の我々とそのような時代差のある彼は、一八六一年刊の『母権論』で、主としてギリシアそのほかの古代神話をもとにして、人類家族の発展史をあとづけ、アプローディーテー的プロミスクィテート（無規律婚）↓デーメーテール的母権↓アポロ的父権というシェーマを導いた。だがその後彼は、さらに進んでギリシア神話等による古代世界へ向かうのでなく、一転して一九世紀の——すなわちバッハオーフェンにとって〝現代〟の——「地上のあらゆる民族のもとにみられる母系制の遺風を探し集める」仕事を開始(7)し、その一環としてアビシニア（エチオピア）高原の母権的小民族に突き当たったのである。その際バッハオーフェンは、本人も認めているように、アビシニア高原で母権的な遺風をこんにちに伝えているかの小民族は「定住の農耕民」であった。だがアフリカには、周知のように、古来数多くの遊牧民、ないし牧畜民が存在し、またそれのみで生活するのでないにせよ、依然として狩猟を生業のひとつとする民族も、一九世紀にあってなお、幾つかの地域で確認されている。そうであるからには、一九世紀に至る間のアフリカ社会には、経済的な社会構成の一つとしてたしかに母権的な、母たちを中心とする〝自由・平等〟な農耕的体制の遺風があったと同時に、もう一つ別の遊牧的な、ないしは狩猟経済にマッチした何らかの社会構成も並存し、あるいは両者が重なりあったり融合しあったりしてきた、という想定も、必然的に出てくるのである。そのような疑問は、個別アフリカ社会の次元から離れはするものの、幾人もの民族学者が頻繁に提起している。例えば、上述のバッハオーフェン解説者ヨハネス・デールマンは、そのことに関連する、ジロー・トゥーロン著『古代の諸民族における母（*La Mère chez certains peuples de lántiquité*）』（一八六七）におけるバッハオーフェン批判を、以下のように紹介している。

「ジロー・トゥーロンは、ギリシア諸種族はがんらい母権的礼儀を保持していたが、歴史の流れとともに、父権的なそれへ改造していったというバッハオーフェンの想定を、断乎として拒否する（七頁)。母権から父権への関連は、純粋に歴史的に解明されねばならず、ここでは即ち征服の行程における二文化の重なりあいが問題なのである。父権の勝利は進化の結果でなく、歴史的な闘争によるもので、父権的なアーリア人およびセム人が母権的な地域を征服し、そこに定住していた住民を服従させたのである(七頁以下)。ジロー・トゥーロンは、ギュナイコクラティーを、家族内における妻の支配に制限する(三〇頁)。……父権的なギリシア人やラテン人によってギュナイコクティーの基底文化に重なりあいが生じた点についての否定しがたい証明を提出したところに、バッハオーフェンの功績がある(八頁)。……バッハオーフェンに敬意を表しつつも、『母権論』にみられる進化的発展理論については、勇気を持ってその背骨を打ち砕いた(8)」。

私は、いまここで、バッハオーフェンの「進化的発展理論」を批判するとか、ジロー・トゥーロンにならって「征服」に社会発展の契機を求めるかの議論を展開するつもりはないし、その能力にも欠ける。そうではなく、現に、少なくとも一九世紀末までのアフリカには、古代ギリシア世界についてジロー・トゥーロンが想定した社会現象と類似するものがここかしこに存在したことを強調したいために、右の引用を行ったのである。そのような、先住農耕民の基底的社会に遊牧民の上層的社会が重なったアフリカ社会を、山口昌男も指摘している(9)。すなわち、東アフリカや西アフリカ、あるいは中央、南アフリカ各地に、一九世紀までは、母権的な基底文化を確実に保持した諸民族が現に存在したことが、アフリカ的平等主義の存在根拠を問う点で、大いに意味をもってくるのである。そこで議論は、一挙に、〝母権的文化とは何か?〟ないし〝母権を基礎とする社会構造はどのようになっていたのか?〟という内容に集中してくる。だがこの場はそのことを逐一解説するところではない(10)。要点のみを述べれば、母権社会とは、父権によって史上初めて生ずるような上下間の政治的権威やヒエラルキー、男女間の社会差別などの発生は困難にして、共同体的モラルとしてのトーテム的威力が母たちの身体を通じて無国家社会（ソキエタス）の細大にゆきわたり、系統だった秩序が形成されている社会である。つい先頃まで歴史的に実在していた母権的アフリカ社会、その残存形態を重視して、そのことをもって二〇世紀後半のアフリカ社会には悠久の平等的社会が、原始的ソキエタスの痕跡を保持した平等的社会が存在する、あるいはその伝統に帰れと叫んだ場合、それは相当程度、現実有効性を兼ね備えた反帝国主義的、反植民地主義的アジテーションになるであろう。少なくともレトリックとかマヌーヴァーとかの非難によって圧し去ってしまうことは断じてできない内容を歴史的に保持していることは確かである。

だがそれでも、バッハオーフェンやジロー・トゥーロン等ヨーロッパの民族学者が母権と母権制社会の研究という目的でアフリカ社会に注目したのは、帝国主義列強国による世界史的犯罪の申しあわせ、アフリカ分割のためのベルリン会議（一八八四〜八五）以前のことである。この会議のあと、ドイツ流の破壊的アフリカ侵略を典型とする、アフリカ民衆のアイデンティティとディグニティを完全に封じ込めた上での、徹底的な領土支配が堰を切ったように開始した。アフリカ世界の終末ともみえる局面が出現したとあっては、マフディー的なメシア待望運動が全アフリカに拡大しこそすれ、もはや悠久の母権的・ソキエタス的アフリカ社会は、微塵の痕跡も残さず破壊されたと考えるのが自然である。だが、二〇世紀の三〇年代、両大戦間の一時期、アフリカのある一地域にはいり込み、先住民と共に一ヵ年以上にわたって生活した一人の社会人類学者エヴァンズ・プリチャードが残してくれた記録と解説とに接すると、そこにはなんとしたたかに、ソキエタス的なアフリカが厳存していることが読み取れるのである。そこで次に、この一社会人類学者の研究成果に依拠して、再度アフリカ的平等主義のこんにち的残存の一局面を探っていこう。

三　無政府的アフリカ社会の問題——社会人類学者の調査

エジプトや北アフリカ沿岸を除いたアフリカにも、一五世紀末にヨーロッパ人が到来するはるか以前から、大きな王国が幾つも盛衰してきたことを否定するような現代人は、もう一人も存在しないであろう。西アフリカに栄えたガーナ王国（四世紀頃〜一一世紀頃）、マリ王国（一三世紀前半〜一五世紀）、ソンガイ王国（一五〜一六世紀頃）、それからアラビアやインドとの交流で東アフリカ沿岸一帯に栄えたマリンディ、モンバサ、ザンジバル、モザンビークなどの諸都市については、今では高等学校の世界史教科書にも記されている(11)。したがって、ヨーロッパ人到来以前のアフリカ社会には、少なくともその一部には、明らかに階級社会が成立しており、諸階級間の政治的利害の対立を調整し、支配階級による被支配階級に対する抑圧手段として機能する制度、国家も成立していたことになる。だがそれらの多くは、古代オリエントや、中世後期からのヨーロッパで出現したようなデスポティクな国家とは趣きを異にし、概ね評議会形式の民会や母后のチェック機能によって制約を受けた国王をいただく権力構造になっていた。ところによっては、国王がその国の繁栄を維持し得ない程に老衰したり病弱となったりした場合、儀礼としての王の自殺ないし王殺しが行われたくらいである(12)。そうしてみると、アフリカに古来存在する国家形態は、過去のヨーロッパに存在したそれとは質的に相違した要素を含んでいることが看取し得る。だがここでもやはり、ポルトガル人探検以来の、ヨーロッパ人と接触し始めてのちのアフリカ社会とその国家に言及しないでは、本章の直接テーマ、現代アフリカ社会における平等主義の問題に移行するわけには行かない。

一五世紀末からヨーロッパ人と直接接触し始めたアフリカ沿岸諸民族のなかには、例えば鉄砲とか馬とかを手に入れ、より奥地の弱小民族を支配し、その多くを奴隷化し、ついにこれを商品化してヨーロッパ人に売りとばすことまでやってのけうるような部類が出現した。そしてアフリカ人どうしのこのような行為が恒常的に展開するようになったこと、および新大陸アメリカで恒常的に労働力が必要となったことを前提にしてはじめて、ヨーロッパ諸国の奴隷商人たちが大挙してアフリカ沿岸各地に到来するという現象が出現したのであった(13)。そのような段階に至ると、ついにアフリカにもデスポティクな王国が確立する。一六世紀のベニン、一七世紀以降のダホメーなどは、その好例である。

だがそれでも、沿岸各地やヨーロッパ人侵略からはずれた地域では、一六世紀以降外圧によってデスポティクな国家を形成することはなかったし、況や自主的にその条件を整えることなどなかった。国王の権力は依然としてアフリカ的であった。多くの地域は依然として自給自足であり、消費分を超える余剰の富が階級分化を促進することはなかった。また仮りにヨーロッパ化されたアフリカ社会にあっても、その状態が恒久化したのは南アフリカのボーア社会のように、ヨーロッパ人自体が入植し土着化した場合か、あるいは侵略の中継拠点として都市的に改変された部分においてのみのことである。例えば奴隷貿易によって急速にデスポティクになったベニンは、のちにダホメーがヨーロッパ人にとってより有利な取引相手として登場するや、一八世紀後半にはその富と権力の双方を失ってしまった。残されたものといえば、悠久のはずの自己完結体への復帰もできず、さりとて自力では新たな固有の社会をも創出しえない、社会的、文化的カオスであった。だが右に述べたように、ベニン的コースは少数であった。

一六〜一九世紀にかけてのアフリカ社会は、およそ上述のごとき歴史をたどり、そのようにしてついに、母権的社会組織を一九世紀後半にまで維持し、老バッハオーフェンと巡りあうに至ったのである。だが、一八八五年〜八六年のベルリン会議以降、ヨーロッパ人のアフリカ侵略は空前の規模に転化し、ほどなくイギリス・フランス・ドイツ・イタリア・ベルギー・スペイン・ポルトガルの諸国がアフリカ分割を完了した。植民地化の度合を百分率でみると、一八七〇年以前までの一〇・八パーセントに対し、一九〇〇年の九〇・四パーセントという勢いであった。こうなっては、沿岸部ばかりか奥地まで、アフリカ世界は悉く破壊されていく運命にあったかのごとくである。だが、一九四〇年に『ヌアー族——ナイル系一民族の生業形態と政治制度の調査記録（*The Nuer: A Description of the Modes of Livelihood and Political Institutions of a Nilotic People*）』を発表したエヴァンズ・プリチャード——古野清人によると彼はマリノウスキ学派の一人である——は、その著作のなかで次のように語って、伝統的アフリカ社会の二〇世紀における現存在を証明した。

「厳密な意味ではヌアー族は法をもたない。損害、姦通、四肢の傷失等に対する慣習的な賠償はあるが、このような事件を裁定したり裁決を執行したりする権力をもった権威は存在しない。ヌアーランドにおいては、立法・司法・行政の機能はいかなる人物にも、また合議体にも与えられていない。(中略)私は一年間ヌアー族と親しく生活したが、個人またはいかなる合議体の裁定者にも事件が提出されたということを聞いたことがなかった。こうしたことから、私は、武力を行使するか武力で威圧を与える以外に、人が救済を得る手段はほとんどないという結論に到達した(14)」。

いや、ヌアー(石塚は少数民族を〇〇族と記述することに反対である)にみられるような原始共同体の遺制のごとき社会構造は、文字通りヌアー的なものでしかなく他民族への類推は正しくないとの反論もあっておかしくない。そこで、同じエヴァンズ・プリチャードがM・フォーテスと共編で一九四〇年——すなわち上述の『ヌアー族』発表と同年——に刊行した報告集『アフリカの政治諸制度(*African Political Systems*)』(邦名『アフリカの伝統的政治体系』みすず書房、一九七二)を紹介して、右のごとき反論をなだめよう。こちらの著作は、編者はしがき、まえがき(ラドクリフ・ブラウン)、序論(エヴァンズ・プリチャード)という前段に続いて、次の本論が展開されている。南アフリカのズールー王国(マックス・グラックマン)、ベチュアナランド保護領におけるエングワト人の政治組織(I・シャペラ)、ベンバ人(北ローデシア)の政治体系(オードリー・I・リチャーズ)、ウガンダのアンコーレ王国(K・オバーグ)、ケデ・北部ナイジェリアの河辺国家(S・F・ナーデル)、カヴィロンド・バンツー人の政治組織(ギュンター・ワグナー)、ゴールド・コースト北部地域におけるタレンシ人の政治体系（M・フォーテス）、南スーダンのヌエル人（エヴァンズ・プリチャード）。このようなアフリカ各地の諸民族の調査結果を一つにまとめるに際し、「まえがき」で次の指摘がなされてある。

「さて、アフリカにおいて『政治社会』と呼ばるべきものは若干の地域において容易に明示し得る。たとえばエングワト（Nguato）、ベンバ（Bemba）およびアンコーレ（Ankole）がそれであり、これらの地域では、一つの部族や王国が、一人の首長や王によって統治されているのが見られる。しかしその他の地域では、『政治社会』と呼ばるべきものを明示するのが困難であり、現にそれはワーグナー博士のバンツー・カビロンド（Bantu Kavirondo）部族に関する論文の中ではっきり論じられている通りであるし、また本書に記述されたタレンシ（Tallensi）やヌエル（Nuer）を初めその他世界の多くの社会においても、同様な困難が見られる[15]」。

一九〇二年にイギリスのサセックスに生まれオックスフォード大学で近代史を専攻したエヴァンズ・プリチャード（一九七三年没）は、一九二六年スーダンにおけるアザンデ人の調査を手はじめとして、社会人類学の研究に専念し、一九三五年〜四〇年の間、オックスフォード大学でアフリカ社会学を講じつつ、同時にスーダンのアヌアク人、ヌアー人、インガッサナ人、ケニアのルオ人などを調査した。したがって右に引用した報告書はすべて一九三〇年代後半のアフリカ社会についてのそれなのである。そうであるからには、一九世紀末からのヨーロッパ列強による徹底的な、暴力的な植民地分割が一段落したのちにも、ヌアー的平等主義は、現にアフリカ社会の一角に残存していたことになるのである。それればかりか、これより半世紀以上昔、ジロー・トゥーロンやバッハオーフェンが問題にした母権的アフリカ社会の残存を暗示する報告すら、エヴァンズ・プリチャードは我々に伝えてくれているのである(16)。よってもって、一九三〇年代アフリカ社会には、ヌアー的、タレンシ的無政府平等社会組織がここかしこに存在したことを語り、そこに永続していた理想的人間関係、社会秩序を一九四五年以降のアフリカ社会に回復せよと叫んでも、そのこと自体はけっしてレトリックや政治的ペテンなどでないことが、十分認知されよう。そこで残された問題は、いつもきまって、こうである――。そのような現代にまで拡張された原始的経済発展(停滞)段階とそれに相応した平等社会が、いったいどのようにして、原子力、宇宙開発で象徴される欧米の先進的物質文明と調和を保てるのか? この問いかけに応えることを自己の、最大の政治的課題として登場してきた現代アフリカの政治家が、本章冒頭に紹介したタンザニア前大統領ジュリアス・ニエレレである。ただし、この大問題は、なるほど本章を草する動機の一つにはなっているが、ここでの直接的課題ではない。その究明は次章にゆずるとして、以下に、〝母権と無政府〟のまとめを綴ることにしよう。

四 アフリカの蘇生――それは母権と無政府の復活

一九世紀末から二〇世紀前半にかけて、たしかにアフリカ各地に残存していた母権的・原始無政府的平等社会は、第二次世界大戦後においても、幾つか確認されている。例えば一九六〇年代～七〇年代初めにかけてギニアビサウ解放運動を指導したアミルカル・カブラルは、ギニアビサウ独立の一準備として同地域農村の社会組織を分析してまわったが、その際バランテ人に代表されるような、「明確な国家組織をもたない集団」を発見(17)し、彼らをポルトガル兵に立ち向かう前線闘士にまで教育した。カブラルは、ひどく崩れてはいるものの原始共同体の残骸のごとき社会組織に生きるバランテ人を、とまれかくある状態のまま同志とし、そこを現状変革の出発点とした。けっして大都市ビサウの資本主義化されたレベルからではないのである。私は、ここに、こうしたカブラルの姿勢のなかに、先史由来の母権的社会が近未来的に復活するための実践的足場を見る思いがする。

ところで、母権と無政府の痕跡を現代にとどめるアフリカを、そのままの段階から解放せんとするカブラルを学んだ私は、先史の母権について述べられるあの定説的、常套的定義は部分否定したく思う。江守五夫は、ハインリヒ・クーノーにならって、次のように述べる。「母権制の物質的基礎は、妻方居住婚の採用を導いた女性労働の高い意義だったのである(18)」。これは定義にならない定義である。耨耕（女子労働）と犁耕（男子労働）の差異それだけのなかに、はたして権力を生む生まないの差異があるのだろうか？　女子労働が母権を支えたというのは、母権成立の必要条件を述べたにすぎない。この理論でいくと、母（先史）と父（有史）、母権（モラル）と父権（ゲヴァルト）が並列になってしまう。原始母権がのちの階級社会の父権と決定的に相違している点は、前者は政治権力、ないし経済的な土台をもつ強力でなく、それとは異質のものであった点である。江守の説明になる母権、これは私には政治権力の先駆的形態としてしか納得できない。そのようなものは復活に価しない、現に父権という形態で存在している。

最後に、本章のテーマ〝アフリカ平等主義を考える〟に引きつけた提起を発して結びとしたい。貧困の平等、病弊の平等のような意味での平等主義でなく、豊かな富、高い教養、おおらかな心の平等としてのアフリカ平等主義の、全世界的規模での蘇生を真剣に考えるのであれば、次の三点を、我々は達成目標として確認せねばならない。第一、近代ヨーロッパで確たる基盤を築いた父権的・階級支配的政府を母権的なモラルの秩序管理機関へと改変する。第二、核エネルギーまで創り出した欧米の科学技術（物質文明）について、核は廃絶しても技術はそうせず、むしろ技術の担い手の変革、技術のさらなる進歩を生み出す能力ある社会への変革を達成すること。第三、このようにしてけっきょく、モラル（母性＝精神の泉）と科学（父性＝物質の基）の二軸を備えた調和の社会を、個の連合体《アソシエイション》として完成させること。これは個の確立していない原始共同体への回帰ではない。むしろ近未来の母権は先端のテクノロジーを従える。また女子労働による男子労働の駆逐を通じての母権復活でもない。男から女への権力交代による母権復活でもない。むしろ近未来の母権は、父性を仲間として、真に人権、人性となる。

（石塚正英）

註

（1）I・ウォーラステイン、川北稔訳『史的システムとしての資本主義』岩波現代選書、一九八五年、七頁、一二四頁。

（2）F・ファノン、鈴木道彦・浦野衣子訳『地に呪われたる者』みすず書房、一九六九年、一一三頁。

（3）R・S・ブリフォー、石原通子訳「母たち」その一、『女性史研究』第一集、家族史研究会編、一九七五年一二月刊、三〇〜三一頁。
（4）ブリフォー「母たち」その六、『女性史研究』第一〇集、一九八〇年六月刊、五四〜五五頁。「母たち」その七、『女性史研究』第一一集、一九八〇年一二月刊、四二頁。
（5）山口昌男『黒い大陸の栄光と悲惨』（『世界の歴史』第六巻）講談社、一九七七年刊には次の記述がある。「アフリカの諸王国の王権は、むしろ宗教的な司祭の位置が高まったものとみられるふしがあるが、それだけに他の諸制度からの制限をうけることが多い。例えば政治制度にみられる特徴的なものに、王母の政治的地位の高さがある。王母は多くの王国で独自の宮廷を営み、独自の所領を持ち、政治的には王より強い発言権をもつことすらある。これは現在の形の王権以前の制度のなんらかの残存形態であろうし、極端な説では王がかつては女性によって継がれていたとする考え方もある」。五七頁。「また、始祖の王女が狩人と結婚して、その子が王位に就くという伝承は、西アフリカ各地に見られるものである。ヨルバ人の北方のヌペ王国の始祖伝説においても、ヌペ王国の始祖ツォエデは、中心的な地方の首長の娘と、この地に狩猟にきた東南のイガラ王国の王子の子であると語られている」。一六二頁。「アフリカでは、他に南東アフリカのロヴェドウ人を除いては、女性首長の例はそれほど多くはない。いずれにしても、アカン系の住民の多くは、母系的継承原理を父系同様に重んじ、王を中心とする政治組織においても、皇太后の地位はきわめて高い。ときには戦争にいっている首長、国王の代行の責任を負うこともある」。一七六頁。
（6）ヨハネス・デールマン、石塚正英訳「バッハオーフェンの『古代書簡』と『母権論』第二回編集」、

『女性史研究』第二一集、一九八六年一二月刊、七二〜七六頁。一部改訳。翻訳文は以下の著作に収録。石塚正英『バッハオーフェン―母権から母方オジ権へ』論創社、二〇〇一年。

（7）デールマン、同論文、七三頁。

（8）デールマン、同論文、七四頁。

（9）山口昌男、前掲書には次の記述がある。「東アフリカに一九世紀まで存続していた王国は、ヴィクトリア湖とニヤサ湖の中間に存在した諸国、すなわちブガンダ（ウガンダの中南部―石塚）、ブニョロ、アンコーレ、ルアンダ、ウルンディ、キジバなどであった。これらの諸王国には共通の特徴がある。すなわちそれは、これらの諸王国の成立が、種族間の征服関係に由来しているということにほかならない。これらの王国では、本来の原住民である（石塚なら「先住民」と記す）バントゥ系の言語を話す背の低い農耕民階層の上に、北方から侵攻して建国した伝説をもつナイロート語系統の長身の遊牧民が、支配階層として支配する典型的な重層国家を形成している」三九頁。「これらの湖間地方の諸王国は、それゆえ、文化的にもあるていど二重構造を示している（すなわち遊牧文化と農耕文化）」四〇頁。またすでに本章注（5）に引用したように、「始祖の王女が狩人と結婚して、その子孫が王位に就くという伝承は、西アフリカ各地にみられるものである」一六二頁。との記述も、ここでいま一度想起したい。

（10）母権と母権制社会の問題、およびその民族学的な成果については、さしずめ以下の文献をみよ。布村一夫『原始共同体研究』未来社、一九八〇年刊。同『原始、母性は月であった』家族史研究会、一九八六年刊。バッハオーフェン、井上五郎訳「母権論・序説」、『女性史研究』第三集、一九七六年一二月刊。コスヴェン、布村一夫訳「母権論・解説」『女性史研究』第六集・第九集、一九七八年一二月、七九年六月刊。江守五夫『母権と父権』弘文堂、一九七三年刊。江守五夫『家族の起源』九州大学出版会、一九八五年刊。石塚正英編著『バッハオーフェン―母権から母方オジ権へ』論創社、二〇〇一年。

(11) 今世紀前半まで、ことにヨーロッパの植民地宗主国では、〝アフリカには固有の文字がない↓アフリカには固有の歴史がない↓アフリカには固有の文化がない〟というエセ三段論法をまともに信じる人びとが多かった。なぜそのような事実無根の主張がなされたのか、その点について山口昌男、前掲書では次のように述べられている。「アフリカのいたるところに王国組織を中心とした整然とした政治体制が存在し、ヨーロッパの植民地化および植民地の維持が、このような組織に依存することによって初めて可能になったのであるという事実は、故意に無視されつづけてきたのである。王国の存在を正式に認めることは、アフリカに歴史的伝統を認めることであり、歴史的自律を認めることであり、とりもなおさず、植民地支配のイデオロギーの基礎をつきくずすことを意味したのである」。二四頁。

(12) 〝王殺し〟について山口昌男、前掲書に次の説明がある。「たとえば南アフリカのマショナ王国の王は、『神なる王』の典型的なものの一人として数えられるのであるが、この王がけがをしたり、前歯を欠いたり、性的能力を失ったりすると、重臣によってのどを切られて殺される。このとき流された血は、穀物と混ぜて保存され、播種のさいにとくに豊饒をもたらす力があると考えられた」。五三頁。アフリカにおける王殺しの習俗について、いっそう詳しい事例が以下の文献に記されている。ジェームズ・フレイザー著、神成利男訳、石塚正英監修『金枝篇』第一〜七巻、国書刊行会、二〇〇四〜二〇一七年。

(13) ヨーロッパ人による奴隷貿易の一局面で生じたこのアフリカ人自身による同胞の奴隷貿易について、関曠野『資本主義——その過去・現在・未来』影書房、一九八五年刊には、次の説明がある。「(新大陸でスペイン人によって——石塚)征服されたインディオが少なくとも形式的にはスペイン皇帝の臣下となったのに対して、新大陸に輸出されるアフリカの黒人は酋長(石塚なら「首長」と記す)たちの戦争捕虜として、ヨーロッパ人が購入する以前にすでに奴隷化されていた。そして奴隷を所有し売却する酋長たちの『合法的』な権利は、欧州法の見地からすれば充分に尊重されねばならなかった。西欧の奴隷商人とアフリカの酋長との契約は、奴隷の所有権を移転させたにすぎない。ヨーロッパ人が自ら手を下して黒人を奴隷化したわけではなく、そして酋長たちの私有財産権が高く評価されたという点で、奴隷貿易は二重に合法的であった。奴隷狩り戦争を生み出すアフリカ社会の構造は、それによって巨利を得る西欧人に責任はなかった」。四七頁。

(14) エヴァンズ・プリチャード、向井元子訳『ヌアー族——ナイル系一民族の生業形態と政治制度の調査記録』岩波書店、一九七八年刊、二五一頁。なお同著者には、上述文献および以下に挙げる二点をあわせた、いわゆるヌアー三部作がある。長島信弘・向井元子訳『ヌアー族の親族と結婚』岩波書店、一九八五年刊(原著作は一九五一年刊)、向井元子訳『ヌアー族の宗教』岩波書店、一九八二年刊(原著作は一九五六年刊)。そのうち前者には本章のテーマに関連するものとして、次の記述が読まれる。「ヌアーの家庭は家族の全成員の協力によって営まれており、それを維持するための労働も公平にふりあてられている。日々の、あるいは季節的な作業において、家族成員が直接に手伝ったり一緒に仕事をしたりして、相互に助け合う仲間意識には驚くほかはない。卑しいとされている仕事は一つもなく、あくせく働く人もいない。全員が休憩と娯楽のための余暇を持っていて、彼らは皆、家庭内経済における自分の役割に満足している。実際、性別、年齢別の分業は、ヌアーランドにおける女と子供の社会的・個人的自由と合致しているとともに、ヌアーにおいて非常に顕著に認められる個人の独立と尊厳の認識とも一致している」。二〇〇頁。

(15) フォーテス、エヴァンズ・プリッチャード編、大森元吉ほか訳『アフリカの伝統的政治体系』みすず書房、一九七二年刊、四頁。また、例えば本書中に記されているタレンシ人（旧黄金海岸）についての次のごとき報告は、ここに引用しておくべきであろう。「タレンシ族は経済的には等平主義的な同質的定着小農民である。自分たちのために耕作してくれる息子が多いということのために、平均以上に富裕であるという者は、いずこの部落にもいる。しかし、富に対する称賛と羨望はあっても、社会的特権が富に伴うということはない。また、富は蓄積されえない。富の一部は自分の結合家族内の嫁の数を増やすのに使用され、富は段々に流出して行き、究極的には相続されて分散してしまう。このように富は単に一時的な有利性を持っているだけでしかない。リネージやクランやコミュニティと交差したり、その連帯を弱めるような経済的階級は存在しないのであり、このことは政治機構にとってきわめて重要な事実である」。三〇四頁。

(16) 例えば、『アフリカの伝統的政治体系』中、「ベンバ族（北ローデシア）の政治体系」には次の記述が読まれる。「ベンバは、妻方居住婚を行う母系部族である。出自は母方を通じて認められ、一人の男は、母方の祖母とその兄弟・姉妹、本人の母と母の兄弟・姉妹および本人自身の兄弟・姉妹からなる集団に法的に帰属するものとみなされる。（中略）彼はまた、もっと規模の大きな出自集団で、やはり女系で跡づけられるクラン――すなわち、ウムコア（umkoa. 複数はimikoa）にも帰属する。ウムコアは、いずれも動・植物あるいは降雨の如き自然現象の名を持っているが（後略）」。一一六～一一七頁。

また、『ヌアー族の親族と結婚』では、男女の社会的・家族内的地位の平等についての、次の一文が読まれる。「家族は経済単位である。仕事の内容によっては親族や近所の人びとに助けてもらうが、家族成員は自分たちで生活を維持し、日常の必需品を満している。男女いずれかの性が排他的に占有している広い経済分野は存在せず、男女はしばしば直接的に仕事の上で協力し合う。また、ふつうはいずれかの性によってなされている仕事も、必要が生じれば他方の性がすることもある」。一九八頁。

(17) カブラル『アフリカ革命と文化』、四七頁。

(18) 江守五夫『家族の起源』一五一頁。なお江守は、残念にもクーノーの誤った理論に従って、母権の基盤として女子労働の役割を過大評価している。「すなわち原始期の性的分業体系のもとでは女性は純生産的労働に寄与するところ多大だったのであり、この女性労働の価値はとりわけ農耕が開始された後に一段と高まったとみなされるのである。というのは、植物性食糧の供給という女性の労働分担は、植物採集段階から食物栽培の農耕段階でも当然ひきつがれたが、クノーによれば、農耕がつねに大凡一定した収穫物をもたらすのにたいして、〔男性が従事する〕狩猟や漁撈の成果は偶然性に依拠し、つねに変動する』からである。そしてこの女性労働の価値の向上は、婚姻居住形式にも影響を及ぼす。『女性の経済活動の意義が高まるにつれ、女性が結婚式の後も自分の家族共同体のもとに滞留することが次第に頻繁となる。遂には、夫婦双方が完全に自己の家共同体にとどまり、夫婦の共同生活《エーエゲマインシャフト》が、妻のもとへの多かれ少なかれ頻繁な夫の訪問にのみ存するようになる。』つまり女性労働の意義が向上するにともなって、娘の労働力を失うことをおそれる共同体は、彼女が他の共同体に婚嫁するのを拒み、ここに《訪婚》が現れるようになったというのである。クノーのこのような観方は、方法論的にはまったく対蹠的なシュミットの取り入れるところとなった。(中略)私も、以上のようなクノー・シュミット理論を踏襲するものであり、母権制的な居住方式(訪婚および妻方居住婚)を採用する社会的要因が、性的分業下の女性労働の高い意義にあると考えるものである」。(一五〇―一五一頁)以上の説明は母権制成立のための完全な内容ではなく、基本の内容のすべてでもない。なぜなら、これだけでは父権制成立の根拠(男子労働)と母権制成立の根拠(女子労働)の相違が示されないのであり、よって母権(フェティシズム現象)と父権(物象化現象)の質的差異も示されないからである。この点をも含め、私は以下の拙稿でクーノー批判を行ってみた。ごらんいただきたい。『唯物史観と原始労働――エンゲルス・クーノー・デュルケムの差異』(『クリティーク』第八号、一九八七年七月刊、拙著『フェティシズムの思想圏』世界書院、一九九一年、第六章、『マルクスの「フェティシズム・ノート」を読む』社会評論社、二〇一八年、に再録)。なお、本文中にも注記したが、あらためて記す。少数民族名について、私は「○○族」とはせず、「○○」か「○○人」としている。国家を形成しない集団を「族」とするなどという見解・認識を私は取らない。また、アフリカを指して「未開」と形容することもしない。未開→文明という発展史観をイデオロギーの一種とみるからである。私の監修になる国書刊行会版フレイザー『金枝篇』(全一〇巻、既刊七巻)は全篇を貫いてこの方針が採用されている。

第7章　ウジャマァ社会主義とクリエンテス資本主義

一　アフリカの発展をめぐる二種の主張

タッシリの岩壁画をはじめとする古代アフリカの遺跡をみると、そこには数千年前の緑豊かなアフリカ、湿潤なサハラという風景・人物像が描かれている。サハラは紀元前八〇〇〇年頃からしだいに気候おだやかとなり、森林や草原が広がり、紀元前六〇〇〇年—五〇〇〇年頃には牛飼いの人びとがサハラ草原で生活していたといわれる。またタッシリの岩壁画には、耕作する女性らしき像もみられるという。古代アフリカがこのように自然の恵み多き土壌であったこと、それからオルドヴェイ等から世界最古の化石人骨が発見されたことなどが重なって、こんにち「アフリカはある意味で、人類およびそのもろもろの文明に対して母であった」との見解(1)が、多くの人びとに受け入れられるようになった。また、工業化のすすんだ欧米の人びとには理解しにくいことなれど、太古の豊かなアフリカ社会に育まれた古きよき経済的平等主義・精神的相互愛・社会的共同性が、その後数千年の時の流れを経て二〇世紀にまで受け継がれてきているという発想が、こんにちアフリカ民衆の一部で懐かれている。また先進諸国でも、物質文明の肥大化を通してあまりにひどい自然破壊・環境汚染が進行したため、エコロジストを中心に、産業化以前の人類社会のよき側面を回復せよ、そのような要素を依然として保持しているアフリカを危機から救え、との運動が強まっている。

だが、なかには、現代アフリカに悠久の歴史をたゆたうがごときそのような平等主義や共同意識はもはや存在していないと主張する論者も、それはそれで多くいる。彼らは特に、植民地時代と分割時代を通じてアフリカ社会の一部（都市や沿岸一帯）がヨーロッパ化し、この現象がアフリカを昔のままの状態にとどめおかなかったとする。またアフリカ社会の側も、いったんヨーロッパと接触したなら、異文化を吸収しつつ自らも積極的に内部を変革していったとする。したがって、彼らの主張の延長上には、独立後のアフリカ諸国は古い社会——無いもの——への回帰は不可能であり不利益である、目指すべきは、自力か他力かの別はあるとして、アフリカの工業化、脱低開発だ、という方針が出てくるのである。

以上二種の主張は、たんなる放談にとどまらず、実際的に、独立後のアフリカで国家建設上の重大な理論的支柱として練りあげられてきた。その際、アフリカの平等主義的伝統の上に現代国家を築こうとした国の代表としてタンザニア——ウジャマァ社会主義——があり、またアフリカの工業化およびヨーロッパとの協調のもとにこれを築こうとした国の代表としてケニア——クリエンテス資本主義——がある。そこで本章では、この二種類の主張と二種の国家建設に注目し、双方を比較検討し、そこから特に、前者の主張に含まれているアフリカ平等主義の現実有効性について考察してみたい。この作業もまた、前章「母権と無政府」同様、ギニアビサウのバランテ的アフリカ社会を理解するために不可欠であり、ひいては、なにゆえカブラル思想が衝撃的であるかを把握するために不可欠なのである。

二　ニエレレのウジャマァ哲学

第二次世界大戦後の一九五七年、アフリカ史上初の黒人国家としてガーナが独立し、その初代大統領にクワメ・エンクルマが就任したことは、戦後アフリカ独立運動史上ではイロハのイに属する史実であり、またそのエンクルマが、失脚・没後の現在でも、非同盟主義路線、パン・アフリカニズムの先駆的指導者と称えられていることも、周知の事実である。だがその割には、大統領時代のエンクルマがガーナ国内で独裁的な行動をとり、またアシャンティ系の大住民集団と結び小住民集団エウェ人を一種のスケープ・ゴートの立場へ追いやってしまった点は、いまでもあまり明確に、公正に語られないきらいがある。だがそのことよりも、大統領時代のエンクルマが、戦後のアフリカ社会の発展にとって、西欧的な近代化の路線を採用しようと企図した点にまず注目したい。なぜなら、西アフリカにおけるエンクルマのこのガーナ建国政策は、その後しばらくして東アフリカに登場したニエレレによるタンザニア建国政策と対照的なものであり、かつ後者は前者を批判するかたちで独自の内治外交路線を決定していくからである。

エンクルマは——彼の著作『わが祖国への自伝』（一九五七）とか、『新植民地主義』（一九六四）とかを読む限りで——西欧的な近代化を、全面評価とまではいかないが、しかしかなり賛美している。また、西欧的近代化と同時に、西欧的な、マルクス主義的な社会主義の段階発展説をも賛美している。それは、例えば、次の記述によってうかがい知ることができる。

「アフリカの多量の資源がアフリカ自身の開発に使われれば、アフリカは近代化した諸大陸に仲間入りができるであろう」。「低開発世界の大部分がソビエト連邦も含めて、国家の発展に社会主義の道を選んでおり、また選びつつあるということは注目に価する。加えて、資本主義的ブルジョワ民主主義に分類されるけれども、その政治制度が社会経済目的として社会主義を宣言している、インドのような諸国が存在する(2)」。

「新しい独立国の制度としては、資本主義はあまりに錯雑している。したがって社会主義社会が要望される。しかし社会主義と民主的憲法に立脚する社会制度にも、独立直後の一時期には、ある種の全体主義的な緊急措置を講ずることが必要であろう。規律なしには、その自由は存続できない。権力を獲得した党の信頼できる基礎は、いかなる場合にも、忠実で誠実でよく働き、責任感をもった民衆の行政参加以外にはないのである(3)」。

エンクルマが目指すアフリカ解放の路線は、西欧的近代化=工業化、工業によって農業を支える構造の確立、そしてその工業力をもってする新植民地主義からのガーナの解放と、そのマルクス主義的社会主義化なのである。その途上には、どう解釈しても、悠久の原初的アフリカ平等主義のまどろむ余地はない。例外的な、付随的な存在としてならいざしらず、ガーナの国家建設にとって、母権的・無政府的集団の全面的拡張は、論外中の論外なのであった。エンクルマの、さらに遠大な目的は、「アフリカが経済的に自由になり政治的に統一され」ることである(4)が、その場合の統一アフリカの社会構造もやはり、欧米帝国主義を打倒し得るに足る工業力を備えた社会主義アフリカなのであった。そして、この社会主義アフリカが登場することによって「独占資本家は自らの国内で自らの労働者階級と対決することになろう。そして新しい闘争が起こり、その中で帝国主義の消滅と崩壊は完全なものとなるのであろう(5)」。

以上のエンクルマの主張を科学的社会主義とでも表現すれば、これから検討するニエレレの主張は宗教的社会主義、ないし道徳的社会主義と称すべきものである。

一九六一年一二月九日、東アフリカのタンガニイカで、タンガニイカ・アフリカ人民族同盟(TANU)の指導により、イギリス連邦の一員の資格で、ひとつの独立国家タンガニイカが誕生した。また一九六三年一二月、近隣のザンジバルが君主国として独立し、直後のクーデタによって人民共和国となり、翌六四年一〇月、タンガニイカと合併し、ここにタンザニアが生まれた。その初代大統領ジュリアス・ニエレレは、タンガニイカ・ザンジバル合併前の一九六二年四月、TANUの出版物として『ウジャマァ――アフリカ社会主義の基礎』を発表して、新生タンガニイカ(タンザニア)の基本的な建国路線を提起したが、それは一言で述べて、農業を主体とした伝統的・共同体的平等社会を保障するための国家建設、という内容のものであった。ゆえに、上述のエンクルマ的ガーナ建設の方針とは正反対の路線として宣言されたのである。ニエレレは、エンクルマ同様、西欧に発生し成長した資本主義を批判し、同時に、エンクルマと対立して、西欧生まれの資本主義を土台にして成立した、これまた西欧的な社会主義――マルクス主義・レーニン主義――をも、アフリカ解放の手段たりえないとして拒否した。以下にニエレレのことばを引いてみよう。

「ヨーロッパの社会主義は、農業革命と、それに引き続いて生じた産業革命から生まれた。前者は社会内に『土地をもつ』階級と『土地をもたない』階級を創出した。また後者は近代的資本家と工業プロレタリアートとを産出した。

これら二つの革命は、社会内に争いの種をまいたが、その争いのなかからヨーロッパの社会主義が生まれたのみでなく、その使徒たちは、争いそれ自体を神聖化して哲学中にとり入れた。内乱はもはや何か悪いことでも不幸なことでもなく、善にして必要なことと見做された。キリスト教やイスラム教にとっての祈りと同じ関係が、ヨーロッパ版社会主義にとっての内乱（それを彼らは『階級闘争』と称している）であり、目的と不可分な手段なのである。各々は全生活様式の基礎となる。ヨーロッパの社会主義者は、その父――資本主義を欠いて彼らの社会主義を考えることができない！　部族社会主義（tribal socialism）のなかに育った私には、この矛盾はまったく耐えきれないものに感ずるといわねばならない。それは、資本主義が要求もしなければそれに値もしないような哲学的地位を、資本主義に与えている。というのも、それは事実上次のように言うからである。『資本主義ないしは、そしてまた資本主義が社会内で創り出す争いなしには、社会主義はありえない』と！　教条主義的なヨーロッパ人社会主義者たちによるこの資本主義賛美は、くりかえして言うが、私には耐えがたく思われる(6)」。

ヨーロッパの資本主義と社会主義の関係をニエレレのように表現するヨーロッパ人――正確にはアメリカ人――にI・ウォーラステインがいる(7)。マルクス主義の唯物史観は、所詮資本主義体制を築き、またそこから再生産されるブルジョワ・イデオロギーの派生物にすぎない、ニエレレとウォーラステインのふたりはそのように断じるのである。資本主義を聖化する社会主義者などまっぴらと考えるニエレレ、社会主義は資本主義が自己の体制維持のための another course として創出し、利用しているものにすぎないと判定するウォーラステインは、〝真理の一面〟——といったら言いすぎと感ずるむきには〝現象の一面〟——を適格に言い当てているように思われる。というのも、アフリカ解放を実現せんがために書かれた著作の多くに、アフリカの工業化、それによって成立する黒人プロレタリアートの運動強化の主張が散見されるが、それらは結果として社会主義という形式のもとに先進資本主義の周辺部としてのアフリカを再生するイデオロギーとして機能しているからである。表現のしかたとしては「むしろ労働者階級の成長と強化が農民大衆の解放の必要条件であって、少なくともその解放の保障となると思われる(8)」という社会主義路線が輝くものの、内実としては工業化の前段階で、〝国有化〟の名のもとに中間搾取の回路を設定した自称レーニン主義者・社会主義者のプチ・ブルジョワ官僚層が、アフリカ社会の頂点に立つのである(9)。アフリカに根付いたヨーロッパ生まれの社会主義について上述のごとき評価をする人びとは、詳しくみると二分できる。その一つは、ニエレレやウォーラステイン流のもの、つまりヨーロッパ生まれの社会主義は所詮資本主義の派生物にすぎず、前者の懐から脱し得ない、とするもの。またいま一つは、アフリカの政治指導者がマルクス・レーニン主義を名乗っても、それは宣言ばかりで、実際にはそのような主義者でなく、多くの場合アフリカにはマルクス・レーニン主義の党など存在していない、とするものである。後者は前者と違い、マルクス主義それ自体を切り捨てていない点に特徴がある。とにかく、ニエレレはマルクス主義を資本主義の落とし子であるとして、バッサリ切り捨てている。

ニエレレは、「社会主義は――民主主義と同様――心の態度（an attitude of mind）である」とする(10)。これは〔科学と道徳〕あるいは〔物質と精神〕のバランスの上に立つ社会主義を表現している。このような社会思想は、ヨーロッパでも非物質主義的な、崇高なある思想家によって主張されたことがある(11)が、やはり非ヨーロッパ社会に生きる人びとの方が圧倒的に鋭い感受性をもってこれを表現している。そのような人物のひとり、エルネスト・チェ・ゲバラの言を引こう。

「精神的刺激にたいする物質的刺激という命題は、これらの問題に関心を持つ人びとのあいだに、多くの議論をひきおこしている。一つ、明確にしておかねばならないのは、我々は物質的刺激の客観的必要性を否定するものではない、ということである。我々は、基本的な原動力として、それを用いることに反対しているのである。経済分野において、この種の槓杆はまたたくまにそのものだけが目的になってしまい、やがて人間関係にその力を及ぼすようになるものと、我々は考えている。それは資本主義の産物であって、社会主義のもとで滅びる運命にあることを、忘れてはならない(12)」。

社会主義社会になったら物質的な刺激が消滅していくとゲバラが指摘したのは、一つには精神的刺激とのバランスの問題でいっているのであり、一つにはこの刺激が資本主義にひときわ有意義にして、「基本的な原動力」となっているということで、そのように述べたのである。社会主義社会では物質的な刺激が絶対的に消滅するといっているのではない。そしてまたこの点にこそ、ニエレレのウジャマァ哲学の依って立つ思想的基底が示されているのである。ただニエレレが他から非難されること必定の点は、以上のごとき物質的および精神的な刺激の調和をまずは旧来の共同体——本人のことばでは「部族社会」ないし「部族内」——に見いだし、次いでこれを無媒介にタンガニイカ＝部族を超える全体社会にア・プリオリに拡張していることである。

「部族社会では、部族内の諸個人ないし個々の家族が『豊か』か『貧しい』かは、その部族全体が豊かか貧しいかによって、おのずときまる。部族が繁栄していたならば、その部族の構成員全員が繁栄を共有していた。こんにち、タンガニイカは貧しい国である。わが国民大衆の生活水準は、不面目ながら低い。けれども国中の男女すべてが挑戦を開始し、社会全体の利益をはかって彼、彼女の能力の限界まで努力すれば、タンガニイカは繁栄するであろうし、その繁栄は国民全体によって分有されるであろう(13)」。

一九世紀後半から二〇世紀の三〇年代にかけて、バッハオーフェンからプリチャードまでの民族学者・社会人類学者がその存在を発見してきたアフリカ的平等主義とか共有の慣習は、すべて小民族——しばしば血縁的な小集団の枠内——においてのことであって、その枠からはずれた外部においてのことではなかった。それをニエレレは——この点だけはヨーロッパ人の遺産に依ったのか——国家的規模で再生させようとするのである。ここにニエレレのウジャマァ路線の空想性が厳存している。

余人のいうように、ウジャマァ哲学によるアフリカ認識そのものではなく、その現状変革への適応においてニエレレは、ある一つの限界に遭遇したのだった。阿部年晴『アフリカ人の生活と伝統』(三省堂刊、一九八二)にある「小集団同士の関係の大陸大の広がりがアフリカ的世界の基調を形成していた」という指摘と、また同書にある「国家は現代文明の中軸的な構成要素であるとともに、人類を危機に導きかねない問題をはらんだ制度(14)」という指摘を考えあわせると、ニエレレは、まさしくタンガニイカ国家においてアフリカ「部族」社会主義を再生させようとして、ついに自己矛盾に陥ったのであった。ウジャマァ哲学にみられるそれ以外の過ちは、上述の自己矛盾に比べたなら極小か、あるいはその派生物でしかない。ニエレレが工業化を否定して農業化を求めたとか、西欧科学技術の真価を認めなかったとかは、この際議論の対象にもならない位である。

ニエレレにとって〝ウジャマァ〟――彼はこれをfamilyhoodと英訳している――とは、新たな、平等主義的なタンガニイカ社会建設のための〝哲学的倫理学的〟な基礎理論、およびその基本単位(村落)であった。だが他方でニエレレにとってウジャマァとは、一九五〇年代までイギリスの植民地であったスワヒリ語社会を、そうしたイギリス等の資本主義的政治支配(植民地主義)・経済支配(新植民地主義)から自立させ、かつマルクス・レーニン主義的な社会主義、ヨーロッパの階級社会に適応すれど伝統的・水平的アフリカ社会――プロレタリアートでなく小農的・小生産者的社会構成――には適応不可能な社会主義を拒否し、なおかつアフリカ統一までも射程に入れた国家建設を推進するために不可欠のイデオロギー、神話的哲学であった。〔我々自身の社会、我々自身の歴史・伝統=伝統的〕↑↓〔アフリカ人としてのアイデンティティ・ディグニティ=パン・アフリカ的〕の矛盾のなかに、ウジャマァ哲学はつぶされたのであった。ウジャマァ哲学のそのような運命はまた、次に挙げるような、TANU中央幹部の見解とタンガニイカ農村部(部族的農民）の見解の相違によっても、はっきりと予示される。

「あるひとりの副書記にとって、ウジャマァは、国家的にして革命的な概念である。それは共同農場やそのほかの自助事業での万人の共同を要求する。彼はそのことを国家建設という表現で考え、これが巨大な建設団のイメージを育てるのである。このようにTANU書記のような人びとには、ウジャマァは、彼ら自身の活動――それは自助組織・協同組合・党組織・青年クラブや婦人クラブの振興を軸に展開する――を描写し正当化するのに用いられているのである」。

「チャガの青年たちのあいだで、ウジャマァとは、大切にする慣習でなく幾分時代遅れの慣習というように見做されている。隣人ないし親類を手助けして家を建てたり野を耕したりさせる共同社会の意識は、もし個人的な企図が金銭の支出と耐久物資の消費とを意味するならば、必然的に適用されない。もし家を建てたり穴を掘って便所を作ったりするのにセメント・ブロックとか材木とかが購入される場合には、必要な労働の貸借りが期待された。しかしながら、もしひとりのチャガ人がわらぶき屋根と支えの棒とで伝統的な家を建て、あるいはかんがい用水路を改良するのに着手すれば、ウジャマァの原理は適用可能なのである(15)」。

首都ダル・エスサラームの党中央の役人たちにとって、ウジャマァとは、哲学である前に、現実的な国家建設上の、全国的レベルでの政策であり、平等主義的・伝統的アフリカ社会の回復という課題よりも近代的・社会主義的アフリカ国家の建設という課題のための一手段、ないしレッテルだったと考えられる。これに対しタンガニイカ農民の理解するウジャマァとは、ニエレレが国家的スローガンとしてこれを採用する以前から存在していた部族的・共同体的慣習の観念的な表現である。それはけっして部族の範囲を超え出ないものであり、いったんこの枠をはずせば、農民にとってウジャマァはもはや成立しない。こうしてみると、タンザニアでの一〇年間にわたるウジャマァ政策から生じた最も現実的な成果としては、研究者バークがある人物の発言を代弁しているように、「ウジャマァとは、その現代的な適応においては、納税を通じて国家建設に参加しえないような、より貧しい人びとが、彼らなりの貢献をすることのできる手段であるにすぎない」のである(16)。

幾つかの統計によれば(17)、一九八四年にタンザニア(人口約一八五一万人、面積約九十五万平方キロ)には一二六部族がいて、その九八パーセントは小農民である。独立前、小農の彼らは小麦、米、トウモロコシ、キャサバなどを栽培しながら家畜とともに移動する生活を送っていた。しかし作物の収穫率は低く、施肥もままならなかった。やせた耕地は捨てられ、森を焼いて畑地にするという原初的な焼畑農法も行われていた。焼かれずに残った森には家畜が放たれ、その結果、下草が食べ尽くされた。

そのような悪循環を断つべく、一九六一年の独立以来、とりわけ一九六七年のアルーシャ宣言(18)を機に、TANU政府は焼畑・遊牧にかわるウジャマァ村建設を小農に勧めた。ウジャマァに移住すればトラクターや耕運機を用いて農業が出来、また、のちには協同組合運動(綿とコーヒーの生産協同組合)を強化し、富裕な農場主階級創出を防止する策として土地保有改革(自由保有権廃止・定期貸借権の導入)を実施した。以上の諸政策、一言で述べればウジャマァ政策は、しかしながら、ニエレレ的道徳倫理学、TANU幹部的国家理論、小農的部族共同体理念という三者の統合された政策として展開されたのでなく、まさに三者三様の利益追求の対象としてあったのである。このことを指して、私は先にニエレレの〝自己矛盾〟と称したのである。

ところで、一九六〇年代後半から七〇年代にかけて、タンザニアのすぐ隣で、このウジャマァ路線の盛衰を横目でながめつつ、自らは社会主義でなく――カムフラージュとしての社会主義ですらなく――旧宗主国イギリスの公然たる支援を受けてあきらかに資本主義的アフリカの発展をたどろうとした国があった。それは、タンザニアと同程度の人口、植民地化前の共通した歴史、共通の文化・民族的性質、言語、それに共通した地形、気候的諸条件を備えた国、ケニアである。ニエレレのウジャマァ哲学に表明されたアフリカ的平等主義の内容とその現実性を探る作業の一助として、次節で、社会主義と資本主義という正反対の国家建設に進んだタンザニア・ケニアの二国を対比させてみたい。

三　ウジャマァ社会主義とクリエンテス資本主義

一九七八年、J・Dバーカンの編集で『ケニヤとタンザニアにおける政治と公共政策（*Politics and Public Policy in Keniya and Tanzania*, Praeger New York, 1978）』が出版されたが、その一九八四年改訂版に付けられた序文「ケニアとタンザニアにおける政治と公共政策の比較」（バーカン）を読むと、独立後におけるこの両国の異なった、しかし同時に似通った発展の道筋がよくわかる。そこで本節ではこれに依拠しながら、ウジャマァ社会主義の内容にもう一つ別のルートから迫ってみたい。

この著作は、上に上げた一、序論に続いて、二、政党および政党国家関係（オクム、ホームキスト）、三、立法者（府議員）、選挙そして政治的つながり（バーカン）、四、行政と公共政策（G・ハイドン）、五、イデオロギーと客観的な諸条件（エイク）、六、階級構成と農業開発（レオナード）、七、階級構造、小農の参加、そして農村の自助（ホームキスト）、八、農村開発政策と平等主義（マイゴッド・アドーラ）、九、都市政策（ステルン）、一〇、不平等状態への対応としての教育制度（コート）、一一、独立と開発とのディレンマに立つ対外関係（ゴードン）の各論が収められているが、それらの全体を概略的に述べたのが序論である。

その序論の冒頭「問題提起」によると、次のセンテンスがまず読まれる。

「独立直後の数年間、ケニアとタンザニアの内政外交がそっくりであったことは、おどろくに価しない」。「両国とも、植民地時代に創出された行政上の枠組みの上に建てることによって、行政機関の急速な拡張とそのアフリカ化を開始……」。「両国とも、外国の援助と外国の民間投資の多大な注入によって経済成長の速度をはやめようと努めた。さらには双方とも、イギリスとの比較的スムースな外交関係を維持しようと努めた(19)」。

この記述に続く部分を読み進めていっても、少々のあいだは、いかにケニヤとタンザニアが相互に類似した国家建設を企てていたか、あるいはその二国がいかに残余のアフリカ諸国――ガーナとギニアは例外とされているが――と似通った政策を遂行したかという問題に接するのみである。だがやがて、タンザニアがケニヤと違った方式の開発政策に移行していく諸条件、前提の形成、および、「社会主義政策立案者としてのニエレレ」以前の、たんなる「社会主義知識人」(エジンバラ留学時代からの)としてのニエレレについての言及が出てくる。そして、いよいよ一九六七年のアルーシャ宣言(ウジャマァ路線の確定)以後の、「独立当初からの五年間に遂行してきた政策からの劇的な離脱」の局面に筆が及ぶ(20)。

序論の「問題提起」に続く、「開発の意味」の箇所で著者は、タンザニアの路線ウジャマァ社会主義と対比するかのように、ケニヤの路線を「パトロヌス・クリエンテス資本主義」と銘打っている(21)。

そしてこれを対比させる手段として、両国の経済政策の成果(国内生産総額の伸び率、産業別成長率ほか)を提示し、小結論として以下のセンテンスが導かれる。

「たしかにアルーシャ宣言以来タンザニア経済の拡張は、実質的にはなにもないのである。これに対してケニヤの拡張は、なるほど劇的ではないにせよ、他のアフリカ諸国中最大にまさってきたし、一九八〇年代初期まで、日本を除いて、大半の西洋工業国の成長と比較できるほどであった(22)」。

だが、「開発の意味」に続く「平等」の節では、「ケニヤにおける不平等のレベルが独立以来しだいに明白となってきて、たぶんタンザニアのそれを越えていること、これもまたあきらかである(23)」という一文を目にすることになる。独立後ケニヤでは、タンザニア以上に著しく、アフリカ人官僚とアフリカ人商工業資本家――すなわち少数中流階級――の成長がみられ、国富の平等な分配が歯止めを失ってしまったのである。土地(耕地)所有率でも、ある統計では、タンザニアの一人当たり〇・一九ヘクタールに対しケニヤでは一人当たり〇・〇九ヘクタールとなっている(24)。これによって明らかなことはすなわち、ウジャマァ路線はタンザニアの中央部と周辺部との経済的・社会的格差を解消するための努力において成功と失敗とを繰り返したのに対し、クリエンテス資本主義はケニヤ中央部(経済的なそれ)をより強力に、そして周辺部をその犠牲にしつつ、西欧(パトロヌス)の自由主義的発展の盛衰にすっかり身をまかせてしまったということである。

では、この二つの体制内におかれた民衆の政治参加、ないし、民族としての自立の問題はどうであろうか。バーカンによる序論の次の節「住民参加と支配」および「従属と独立」をみると、次のようである。まず著者は、独立後のケニヤにみられた住民参加の形式=政府は、あきらかに「西洋的な意味での民主主義政府」であり、それも「一地方社会がより効果的に中央と結びつき、中央が押えている資源に接近できるようにと、中央政府機関に自らの代表を選出するという目的」をもった住民参加という特色をもっている(25)。その際中央は、「パトロヌス」で地方は「クリエンテス」に準えられている。これに対しタンザニアの住民参加は、「物質的平等の政治的帰結」としてのそれであって(26)、ケニヤの場合の正反対を現出している。こうして、ケニヤでは地方の中央に対する従属のパターンが固定化し、タンザニアでは中央による地方引き上げ、平等化が推進されたと結論づけてよい。またこの構図は、一国、一地域、一大陸の枠を突き破って貫きもする。すなわち、ケニヤ国内で周辺(クリエンテス)に対して中央(パトロヌス)であった部分は、世界資本主義経済圏内では旧宗主国イギリス(パトロヌス)に対する旧植民地国ケニヤ(クリエンテス）の位置を積極的に求めたのであり、タンザニアは、「主要工業国、とりわけイギリスとアメリカ合衆国とによって供給される援助のシェアを巧みに減ら」すことによって、また「モザンビークとジンバブウェの解放運動に」指示を与えることによって(27)、国内政策と同様、外交面でも中央（欧米）に対する周辺（アフリカ）の引き上げに努めてきたのであった。

クリエンテス資本主義とウジャマァ社会主義を以上のように比較・検討してみると――実際にはバーカン編著を紹介したにすぎないが――一国的規模での物質的繁栄の点では、いかに誇大に粉飾しようとも、社会主義タンザニアは資本主義ケニヤに劣っている。もし人類の進歩の原動力が欧米の科学技術によって与えられるのであるとするなら、タンザニアは一九六七年に完全に誤った道を選択したことになる。また別の見方をすればタンザニアの選んだ社会主義は、ニエレレ自身が一九六二年においてダイレクトにその本質を突いていたように、資本主義を超えるものでなく、資本主義を拒否するものとして当初から構想され、実施されたのであって、いうなれば、欧米型の進歩の先とかその延長とかとはまるで次元の異なる路線を追求したものなのである。これは分離であって超克ではない。そしてまさに、この〝分離〟の立場を貫いてこそ、その立場をポジティヴに拡大していくことによってこそ、ニエレレのウジャマァ哲学が自己矛盾のアポリアから脱却し得る契機を捉え得るのである。

四　シャイン（Schein）としてのウジャマァ哲学

ニエレレの主張するアフリカ平等主義について、これをクリエンテス資本主義と比較しながら検討してみたが、これによって私は、一九六〇年代にニエレレのタンザニアが追求したこの平等主義的路線、いわゆるウジャマァ路線に無価値の烙印を押すつもりはない。結論はむしろ逆である。ウジャマァ政策は、当初かなりのアフリカ内外の政治家、経済学者、国際外交関係者に注目されたが、やがて一九七〇年代に入って、次のような批判に否応なく晒されることになった。(1)殆ど実績をあげることなくつぶれかかっており、タンザニアの現実的な政策としては完全に失敗している。よってウジャマァ路線はすでに過去のものとなった。(2)口碑の神話に依拠したり、アフリカ社会は無階級とか、伝統的アフリカは最初から社会主義社会であったというような、過去についての根拠なき美化に拠っていたりしたため、ウジャマァなどというのは政治的統合・経済建設のための、指導者によるプチ・ブル的マヌーヴァーでしかなかった。

以上のウジャマァ批判を行う人びとは、たぶんアフリカ的現実のシャイン(Schein)をみているのであると、私は推測する。このドイツ語は、〝光、輝き〟という意味があるほか、〝外見、仮面、虚構、口実〟という意味もあり、さらには〝証書、証明書〟とか〝紙幣〟とかの意味をもち、哲学的には〝仮象〟とも訳される。とにかく含蓄あることばの一つである。そこで、このScheinによってひとは、メダルの表と裏、物事の形式と内容というものを表現し得る気がする。そうであれば、一九七〇年代のウジャマァ批判者は、物事の外見としてのScheinをタンザニアに見いだしこれのみを批判したのであろうが、私の場合は、物事の内実としてのScheinをウジャマァのなかに見いだし、これのみを擁護する。

ところで、ウジャマァについて外見としてのSchein を見いだしたものの一人バーカンは、その立場にふさわしく、タンザニアの実験をたいへん悲観的に総括する。「経済成長の目標と平等とは相互に排他的であること、しかしまた平等という目標を選んだ邦は必ずしもその目的を達成するものではないであろう」とみたり、経済的な「成長なき平等はなんら発展ではないという事実に、臆せず立ちむかわねばならない」と主張している点[28]が、〝悲観的〟の意味である。なぜに悲観的かといえば、バーカンは、アフリカの近未来を、欧米型の〔負の近代主義[29]〕、人類が生み出した文明のなかで最もグロテスクな物質至上文明によって切り拓こうとしているからである。そうではなく、私は、どちらかといえばフレッド・バーク「タンガニイカ：ウジャマァを求めて」の、次なる結びの一節の方に、ウジャマァ哲学の本質《シャイン》の片鱗をかいま見る思いがする。

「ウジャマァは現代の政治倫理の土着の源泉である以上に、植民地の経験から成長してきた心の態度の産物なのである。にもかかわらず、それは、創発的にして動的な民衆の、複雑な哲学的心理学的必要性から湧き出てくるプログラムと政策にとっての理解しやすく、柔軟で、尊厳をもったエトスのなかに展開していくような、好都合にして力強いイデオロギーを供給してきたのである[30]」。

バーカンの立場に移行すれば、ウジャマァは資本主義体制の一部を構成するものとして、アフリカ等第三世界の、いわゆる〝低開発の開発〟にみあった局地的有効性を発揮するかもしれない。それと似た立場はまたウォーラステインのいうがごとき、ブルジョワジー――ここではアフリカのそれ――の選択肢のひとつとしてのウジャマァという発想である。だがニエレレの主唱したウジャマァを社会主義として、それも母権的・ソキエタス的アフリカに根を張った平等主義を保障する社会主義として将来に拡張させようとするのであれば、次の三点を、ウジャマァ擁護派は無条件に承認しなければならない。第一、植民地時代に帝国主義列強が引いた国境線のみならず、近隣諸国とのあいだで独立時に暫定的に設定した政治的境界線をも、ウジャマァの外枠としては断じて使用しない。第二、第三世界を踏み台にした欧米諸国が一九六〇年代以降急速に肥大化させた科学技術文明をそっくり、ごっそりアフリカ民衆のために奪取すること、ただし廃絶すべきは廃絶して。第三、アフリカのエトス、母権的・部族的平等主義のエトスを国家としてでなく、社会として再生させる回路を探るため、その前提条件として欧米のエトス〔負の近代主義〕（欧米的近代化）から大胆に分離すること。

以上の三条件は、何かウジャマァの将来についての本質を提示したものでなく、たんに前提を規定したにすぎない。真に大切なものは何も語っていない。そのことが語れるようにと、私は今、カブラルを学んでいるのである。

（石塚正英）

註

（1）山口昌男『黒い大陸の栄光と悲惨』（『世界の名著』第六巻）、講談社、一九七七、五頁。
（2）クワメ・エンクルマ、家正治・松井芳郎共訳『新植民地主義』、理論社刊、一九七一、二一頁、六八頁。
（3）クワメ・エンクルマ、野間寛二郎訳『わが祖国への自伝』、理論社刊、一九六〇、六頁。

（4）・（5）クワメ・エンクルマ、『新植民地主義』二五八頁。

（6）J.K. Nyerere, Ujamaa: *The Basis of African Socialism, in African Socialism,* edited by W.H. Friedland and C.G.Rosberg, Stanford University Press, 1964, pp.245-246.

（7）I・ウォーラステイン、川北稔訳『史的システムとしての資本主義』岩波現代選書、一九八五、のなかには次の一節が読まれる。

「世界の社会主義運動や現に社会主義を自称する政権が権力の座についている諸国の歴史は、まさしく世界のブルジョワジーには、こうした政治的選択の可能性がひらかれているという事実の光に照らして評価されるべきである。

こうした評価を下すにあたってまず最初に想起すべき、もっとも重要な事実は、世界の社会主義運動は——すべての革命的かつ（ないし）社会主義的国家もそうだが——ほかならぬ史的システムとしての資本主義が生み出したものだということである。それらは、現在の史的システムにとって外生的なものではなく、その内部の過程から生み出された排泄物だったのである。したがって、そこには、このシステムの持つ矛盾や束縛がそのまま反映されてもいる。これまでのところ、そこから逃れることはできなかったし、今後もできないのである」。（一五九—一六〇頁）

（8）イブ・ベノー、片岡幸彦訳『自立するアフリカ——イデオロギーと現実——』新評論刊、一九八一、二〇二頁。

（9）アフリカにおける国有化の意味をフランツ・ファノンは次のように語る。

「だがまた解放闘争によって充分に揺すぶられることのなかった地方で非植民地化の行なわれる

こともあり、そのとき人はこの同じ知識人が、相も変わらず抜け目なく、ずるく、巧妙であるのを見出すのだ。彼らのうちには植民地主義ブルジョワジーとしげしげつきあっているうちに獲得された態度と思考形態とが、そっくりそのまま見出される。昨日は植民地主義によって、今日は国民的権威の手で甘やかされたこの子供たちは、国の資源のいくつかを組織的に掠奪する。(中略)彼らは執拗に商業取引の国営化を、つまりは市場と有利な機会とをただ同国民だけに確保することを要求する。つまり理論的には、彼らが国民から盗みをはたらくことを国営化させよと要求しているのである」。フランツ・ファノン、鈴木道彦・浦野衣子訳『地に呪われたる者』みすず書房刊、一九八四、三二頁。

(10) J.K. Nyerer, *Ujamaa, in African Socialism*, p.238.

(11)〔科学と道徳〕、〔物質と精神〕のバランスを重視したヨーロッパ人思想家にサン・シモン(一七六〇―一八二五)がいる。サン・シモンにおけるこの問題について、中村秀一「産業〔生産〕と倫理の相克――サン・シモンの産業主義とポスト産業主義について」(中込道夫・中村秀一・内山隆共著『「近代化」の再考――その思想的機軸を求めて――』北樹出版刊、一九八六、所収)に、次の一文が読まれる。

「(サン・シモン――石塚)にとって、モラルとは何よりも人々の結合の〔絆〕であった。問題は、この絆をゆるぎないものにする機能は何かということである。たしかに、産業や科学のなかにも、一定の秩序の原理を見出すことはできた。産業は利益によって人々の結合を果たすであろうし、科学は理性によってそれを果たすであろう。(中略)しかし、晩年のかれには、それらによる結合は一時的なものでしかありえず、結局は人々を孤立に向かわせるものと思われたのである。反対に、すべての存在を結びつけ、ひとつの全体のなかに融合しうるのは、まさしく感情の特殊な機能によるほかはないと思われてきたのである。かくして、道徳を社会の〈絆〉ととらえたサン・シモンにとって、『新キリスト教』によって最終的に表現される〈感情の宗教〉こそ、かれのめざす道徳システムとしての社会システムの実現を保証するものであったのである」。（四九頁）

（12）エルネスト・チェ・ゲバラ、「予算融資制度について」、『ゲバラ選集』第三巻、青木書店刊、一九六九、二九一〜二九二頁。

（13）J.K. Nyerer, *Ujamaa, in African Socialism*, p.244.

（14）阿部年晴『アフリカ人の生活と伝統』三省堂刊、一九八二、二五四頁、二五〇頁。なお、ヨーロッパ人がアフリカに持ち込んだ「国家」に対するニエレレの態度表明として、バブーによる次の発言は興味をそそる。

「一九六四年、カイロで、植民地時代に引かれた国境線を尊重するというOAUの声明が出された。これは、まさしく、ニエレレとエンクルマの衝突――エンクルマはアフリカ統一政府、統一軍隊の建設を呼びかけていたが、ニエレレはエンクルマに反対していた――をみたが、植民地主義者が遺した国境線を尊重すべきだという決議の草稿をつくったのはまさしくニエレレであった」。「座談会・アフリカの民族解放と社会主義」（司会・白石顕二、出席者サミール・アミン、アブデルラーマン・バブー、ジャック・ハーシュ、北沢正雄）、『インパクト』第一四号、一九八一、八六頁。

（15）Fred G. Burce, Tanganika: The Search for Ujamaa, in *African Socialism*, p.197,p.208.

(16) F. G.Burke, *ibid.*, p217.

(17)『最新・世界各国要覧』世界の動き社監修・東京書籍刊、一九八二。『世界各国要覧』Vol.7, 二宮書店刊、一九八四、等。

(18)「アルーシャ宣言」についてかんたんにまとめた解説として、『現代用語の基礎知識』一九八〇年度版、自由国民社刊から引用しておく。「タンザニア大統領ニエレレが一九七六年二月アルーシャで公表した、タンザニア社会主義化の基本方針。労働者と農民の党TANU（タンザニア・アフリカ国民同盟）の指導のもと、外国依存を排し、主要生産手段を国家と協同組合が掌握し、自力による社会主義建設を訴えたもの。これに続いて同政府は、重要な外国系の銀行・貿易会社・工場・保険会社の国有化、有力外国工業会社の株式六〇％の国有化、この国の輸出を支えるサイザル農園の主要なものの国有化、さらに農村社会主義化をめざすウジャマァ村（家族共同体的農村）の建設などの施策を打出した。これはニエレレ政権の南部アフリカでの指導的立場（モザンビーク独立運動への支援、タンザン鉄道の建設、ローデシアと南ア共和国の人種差別政策への反対）とあいまってアフリカ社会の新路線として注目されている」。（四九九頁）

(19) J.D.Barkan(ed.), *Politics and Public Policy in Keniya and Tanzania*, Revised Edition, Praeger New York 1984, p.4.

(20) J.D.Barkan, *ibid.*, p.8.

(21) J.D.Barkan, *ibid.*, p.10. なおここに言う〝パトロヌス - クリエンテス〟の術語について少々説明を加えておく。この語は古代ローマ共和政期における支配者・被支配者の関係を表現するものである。

〝クリエンテス〟とは、「保護を求める者」で〝パトロヌス〟は支配者としての「家父長」を意味する。両者の関係をより詳しく述べると、クリエンテスは経済的・身分的に被護を必要とする者で、社会的有力者の周辺に住む農民・手工業者、ないしローマ市民団に吸収された村や都市をも含む。これに対しパトロヌスは、経済的基盤をもった政治的・人間的な人格者である。ただし、後者は前者（個人ないし村単位）に対し次のような義務を負った。まず責任を持って被護者クリエンテスの生計を維持し、社会的没落から身を護ってやる。訴訟に際しては自己のクリエンテスを援助する。時としては国家から土地賦与までも世話する。その代わりクリエンテスは、パトロヌスが戦争で捕虜となった場合などその社会的地位が失われないよう努力するという義務を負った。両者ともその義務を怠ると、犯罪としてともに社会的制裁が加えられた。J・ブライケン、村上淳一・石井紫郎共訳『ローマの共和政』山川出版社刊、一九八四。E・マイヤー、鈴木一州訳『ローマ人の国家と国家思想』岩波書店刊、一九七八、ほか参照。

(22) J.D.Barkan, *ibid.*, p.19.

(23) J.D.Barkan, *ibid.*, p.21.

(24) J.D.Barkan, *ibid.*, p.23.

(25) J.D.Barkan, *ibid.*, p.29.

(26) J.D.Barkan, *ibid.*, p.30.

(27) J.D.Barkan, *ibid.*, pp.33-34. また、ケニヤとタンザニアの内治外交におけるこのような政策決定の相違を総括するものとして、バーカンは次のように要約している。

「ケニヤは、しだいに強く国際資本主義体制のなかに統合されることにより、その経済的・政治的運命を西洋のそれに結びつけるという犠牲を払って、経済成長でめざましい程度を達成してきた。これと反対に、タンザニアは、生産減退という犠牲を払って、一定の政治的独立を達成し、社会主義的枠組内での発展コースを維持してきた。別言すれば、ケニヤは一定の政治的・文化的独立を放棄して一定の経済上の健全性を購入してきたのに対し、タンザニアはその逆のことを行なってきたのである」。*Ibid.*, p.34.

(28) J.D.Barkan, *ibid.*, p.36, p.37. なお、経済成長と平等の相関についてのバーカンの指摘が物質主義に片寄ったものであるのに対し、E・P・トムソンの次のことばは、物質主義と精神主義のバランスを考えた、実に含蓄ある発言である。ただし、アメリカ労働史に関するガットマンの文章からの孫引きで恐縮だが。

『文化の成長あるいは変化をともなわないような経済成長は存在しない』とE・P・トムソンは書いている。それでも彼はまた、『我々は経済成長の型と社会的あるいは文化的生活の型との間に、自動的な、つまり過度に直接的な照応関係を想定してはならない』とも警告している。この重大な限定は、産業革命期のイングランドと同程度に、合衆国にも当てはまるのであり、とくに一八四三~九三年の時期のアメリカ生まれおよび移民出身の職人に当てはまるのである」。H・G・ガットマン、大下尚一・野村達郎・長田豊臣・竹田有共訳『金ぴか時代のアメリカ』平凡社刊、一九八六、五二頁。

(29)〔負の近代主義〕については本書第六章をみよ。

(30) Fred. G. Burke, *ibid.*, p.219.

補章

1 アフリカ文化とクレオリゼーション

石塚正英

2 アフリカ直射思考

白石顕二

補章1　アフリカ文化とクレオリゼーション

石塚正英

異文化理解・諸民族共生が説かれて久しい。ところで、「0（ゼロ）」を発見したのはギリシア人ローマ人などではなく、非ヨーロッパ人である。欧米の科学文化を支える数量概念は、ゼロなくして一切表現できない。欧米文化は、紛う方なく、非欧米文化に負うているのである。近代文化＝欧米文化は非近代文化＝非欧米文化との連合から生まれたハイブリッドなのである。したがって、二一世紀に実現されるはずの異文化理解・諸民族共生の前途は、欧米文化もまた成立からしてハイブリッドなのだという原点に立ち返えることから切り拓かれよう。そしてまた、二〇世紀末までに行き詰まった欧米文化がその突破口を切り拓くのも、おそらく非欧米文化との連合を通じてであろう。その際、欧米文化と連合する非欧米文化の一つにアフリカ文化があると予測される。その予測は何を根拠としているか、その問題を以下の論述で明らかにしてみたい。

1　フレイザーが記録したアフリカ文化

アフリカ大陸は、地中海沿岸を除いて、ながく暗黒大陸と形容されてきた。けれども、ヨーロッパ人到来以前のアフリカ社会には、少なくともその一部には明らかに階級社会が成立しており、諸階級間の利害対立の調整機関としての、支配階級による被支配階級に対する抑圧手段としての国家は存在していた。だがそれらの多くは、古代オリエントや中世後期からのヨーロッパで出現したようなデスポティックな国家とは趣を異にし、概ね評議会形式の民会や母后のチェック機能によって制約を受けた国王を戴く権力構造になっていた。ところによっては、国王がその国の繁栄を維持し得ないほどに老衰したり病弱となった場合、儀礼としての王の自殺ないし王殺しが行なわれたくらいである。

イギリスの民俗学者ジェームズ・フレイザーは大著『金枝篇』のなかで、伝統的アフリカ社会の王＝神人について縷説している。その際、神人とは、神の内容や性格を不問にして形式だけをみれば、神人はイエスと同じく神の受肉者であり、人となった神である。ただし、キリスト教的文明社会のイエスと自然崇拝的野生社会の神人とでは、その性格上に決定的な差異がある。すなわち、イエスの場合は肉体が滅んでも神は永遠なのに対し、神人の場合はその肉体が滅ぶと神も滅ぶということである。キリスト教社会においてはイエス＝神は肉体的に死んでも霊的に生きる。しかしアフリカの野生社会においては、ある神人＝王の肉体が衰弱し始めるとこれを殺し、その肉体に宿る衰弱した神霊をべつの、もっと力強い王＝神人に移して蘇生させなければならない。このような要請から成立した神人非業死の儀礼を、フレイザーはアフリカ各地のフォークロアから蒐集したのであった。

ところで、そのような王殺しの行なわれたアフリカ社会とそこの先住民を、フレイザーは次のように表現して高く評価する。

「我々は過去何世代にもわたって培われた基盤の上に立っている。しかし我々は人類が、結局たどり着いた所が高尚ではないにしても、この地点に散々苦心の末、長い間の努力によって到達したことをはっきり認識していない。しかし我々は我々をして今日あらしめるために多大な力のあった、忍耐強い思考と積極的に努力をした無名の忘れられた先駆者に感謝しなければならない。……我々が感謝して記念すべき恩人の多くは、恐らくそのほとんどすべてが先住民だった。要するに、すべて考え合わせれば、我々と先住民との類似点は相違点よりもはるかに多く、また我々が野生人と共有し真実かつ有益なものとして大切に保存しているものは、我々の先住の祖先に負うところが大きい。」（フレイザー著・神成利男訳・石塚正英監修『金枝篇』第三巻第七章「我々が野生人から受けた恩義」、国書刊行会、二〇〇五年、二六六頁）

フレイザーは、アフリカ社会とその文化を評価するに際して、時間軸を考慮している。一九世紀までのアフリカ社会に観察されることがらは、かつて先史・古代のヨーロッパにも存在した。呪術（magic）はその一例である。呪術は、人間に好都合なように自然を動かす。かつて呪術が果たした役割は、欧米的現在では科学がそれにとってかわっている。科学もまた、人間に好都合なように自然を支配する。ただし、呪術は人間と自然との相互作用・合意を特徴とするのに対して、科学は人間による自然支配・強制という一方向性を特徴とする。その限りで、我々は科学についても人間と自然との相互作用・合意を取り付ける必要がある。その際、もっとも意味のある先例はアフリカ社会とその文化であろう。

2　アフリカン・ディアスポラとクレオリゼーション

そのアフリカ文化は、一六世紀に本格化する奴隷貿易をつうじて、アメリカほか諸大陸にもちこまれた。担い手が奴隷であったため、この現象はアフリカ文化の異文化地域への離散、いわゆる「アフリカン・ディアスポラ」の様相を呈するに至った。けれども、アフリカ文化は、やがて、離散した地域におけるサブカルチャーとして存在意義を確保し出した。ニューオーリンズほか北米でかたちをなした音楽「ジャズ」や「ソウル」、カリブ海域でかたちをなした音楽「レゲエ」はその一つである。たとえば、レゲエに関して次のような研究報告がある。

「奴隷の娯楽は奴隷制へのうさ晴し（消極的抵抗）、抑圧された者の人間としての自己主張、あるいはストレスの捌け口としての側面だけでなく、奴隷によるアフリカ的ジャマイカ文化（Afro-Jamaican culture）形成の媒介となったという面からも再評価されるべきである。奴隷たちは、クリスマスというヨーロッパ的祝祭の場を借りて、アフリカ的なものを再現する工夫をなしとげたのである。」（矢内原勝・小田英郎編『アフリカ・ラテンアメリカ関係の史的展開』平凡社、一九八九年、

五七～五八頁）
「西アフリカ人の信仰の特色は、一般に、呪術、歌謡、踊り、伝承（folklore）などとして現れる物神崇拝（fetishism）であり、これが一種の魔霊信仰としてジャマイカ・プランテーション社会（slave community）で再現された。」（同上、六一頁）

異文化相互の融合をシンクレティズムというが、とくに言語では「クレオール化（クレオリゼーション）」と称する。そこで現在では、言語以外にも宗教や芸術など、諸文化の融合一般を「クレオール」と称するに至っている。ただし、レゲエはジャマイカではじめてクレオール音楽となったのでなく、すでにアフリカでクレオール化していた文化の再クレオール化であったと言える。

そうして成立したクレオール文化＝ハイブリッド文化は、しかし、国民国家全盛の時代には国民文化＝単一文化の足下でサブカルチャーにおしとどめられた。けれども、ボーダーレスやトランスナショナルの傾向が増大している現在、クレオール文化は今後息をふきかえすのではないか。今後は「純粋・単一」文化から「雑種・混交」文化へと状況がかわるのではないか、ということである。もしこの変化が決定的になれば、これは文字どおり「国民文化からクレオール文化へ」となりゆくだろう。それほどドラスティックでなくても、クレオール文化は、今後ますます綻びが目だっていく国民文化を補強する役割を持つようになるであろう。（討論「クレオル文化が歴史を動かす」、石塚正英編『クレオル文化』社会評論社、一九九七年、参照）その動向を牽引する文化の一つがアフリカに残存していると言えよう。

ところで二〇世紀、特にその後半、情報通信・交通運輸部門におけるハイテク・イノベーションの恩恵を受けて、諸国民ないし諸民族はいわゆるグローバリゼーションを達成してきた。通例「全世界の一体化」などと翻訳されるグローバリゼーションは、世界大で絶え間なく変動しつつ同時進行する政治的・経済的諸情勢を人びとが的確に把握し、自身の行動に対する実際的にして合理的な目標ないし指針を確定しうるという点で、大きな利点を有する。個人や一団体の特殊にしてローカルな活動が情報のグローバルなネットワークに支えられ、多大な付加価値を産みだしていく。

しかしグローバリゼーションは、反面、環境破壊といったマイナスの資本産出をも推し進め、資本主義的な市場原理に見合うよう、地域や風土に固有の文物制度や社会習慣、自然環境を世界各地でどんどん解体してきた。そこで、今後はグローバリゼーションの欠点を補うべくクレオリゼーションに着手することである。経済や文化のグローバリゼーションがここかしこで展開するようになれば、発展の段階や類型を異にした種々さまざまな経済や文化の相互接触が見られ、そこに個性あふれるクレオリゼーションが併発すると考えられる。クレオール的な文化は、二〇世紀にはアジア・アフリカ・ラテンアメリカといった政治経済的マイノリティ・周辺地域にしか妥当しないように思われていた。しかし二一世紀の今日、欧米の価値基準に基づいて展開してきたグローバリゼーションはもはや欧米の人びとにすら豊かな実りを保障しなくなっている。一年間に三万人以上の自殺者がでるようになった日本は、どう取り繕おうが、豊かな国であるはずがない。今こそ、価値基準の多様性を特徴とするクレオリゼーションへと発想や方針を転換するべきなのである。

3　文化の差異に注目するカブラル

ところで、アフリカの指導者たち知識人たちは、〈ユーロ・アメリカン・スタンダードとしての近代〉を早くから拒絶していた。その代表にギニアビサウ解放の指導者アミルカル・カブラル（一九二四〜七三）がいる。彼は、宗主国ポルトガルからギニアビサウの独立を勝ち取るに際して、指導理念として「文化による抵抗」を掲げた。カブラルにとって文化は、アフリカ人民のアイデンティティーとディグニティーに深くかかわる。それは闘争によって生まれ、また闘争そのものを引張っていく。カブラルにとって優れた文化とは、ただそれのみという固有性のなかに普遍的なものを体現する、そのような価値を有する文化、いわば［絶対的文化］である。他との比較における優劣でなく、人類に普遍的と評価されることがらと一民族に固有と評価されることがらとの双方不可欠なものの体現度をみての一文化内的な優劣である。

カブラルは諸民族の「文化の差異」に注目する。その度合いが大きければ大きいほど、一民族が他民族を征服・支配しにくくなるという。したがってまた、その差異が大きいほど、抑圧者に対する被抑圧者の抵抗運動が強力となる。その際、カブラルは文化の差異に注目するのであって、文化の高低を云々しているのでない点が重要である。彼は個々の民族に備わる文化を、絶対的文化――他と比較してでなく、比較しえない唯一性をそなえた文化――とみて、これを民族解放闘争の武器、抵抗運動の環とする。カブラルの理論からすると、アフリカの人びとがもし欧米の物質文明を摂取したとしても、それはアフリカ文化のなかに欧米文化を呑み込む行為としての摂取であって、同化としてのそれであってはならないのである。カブラルの用語で表現するならば、森を豊かにする欧米文化はすすんで摂取するが、森を破壊する欧米文化は断固として拒絶するのである。

このように見てくると、近代においてイギリスを先頭に形成されたヨーロッパ文化＝近代ヨーロッパは、アジア・アフリカ・ラテンアメリカ諸大陸の諸民族・諸文化にとって普遍的な目標を内包しているようには思われなかったといえる。例えばアフリカ文化は、一度はヨーロッパ文化によって原始的と卑下され破壊されさえした。しかしカブラルはギニアビサウ民衆に対し、そのようなヨーロッパ文化を呑み込んで〈精神の再アフリカ化〉をはかるよう求め、民衆はそれを実践した。こうしてヨーロッパ文化はアフリカ文化に包摂され、さらには多文化共生という特徴をもつ総合的にして普遍的な文化によって包摂されることになったのである。総合的といっても、それは単一統合や一極集中を意味しない。ヨーロッパ文化もアフリカ文化も、ともに固有性の中に普遍的なものを体現し、多元的な特徴をもつ総合的文化の一部分となるのである。

ヨーロッパ中心的な文化史＝世界史は、いまやアジア・アフリカ・ラテンアメリカ諸大陸の諸民族・諸文化によって深く耕されることとなり、その先にあらためて普遍的で総合的な文化史＝世界史が再構築されることになる。

参考：石塚正英『近代の超克―あるいは近代の横超』社会評論社、二〇一五年。

補章2　アフリカ直射思考

白石顕二

アフリカには歴史がないとか、文化がないとかいう議論はすでに過去のものであるが、アフリカの文化が語られるとき、しばしば「伝統的文化」のみが抽出され、紹介されてしまう傾向がある。これは日本のアフリカ「研究」が文化人類学者の主導のもとに展開されてきたこととも無縁ではないだろう。しかし、彼ら学者がアフリカにおいて貴重な「学術的」文化資料を収集し、アフリカ大陸の研究を「深化」させてきていることは評価すべきである。ゴリラの生態から、農村社会の構造、さらには都市の実態に至るまで、多種多様の「研究」が蓄積されてきている。

とはいうものの、どちらかといえば、ダイナミックに変貌していく都市における大衆文化の「研究」は、比較的等閑視されているようである。「研究」の対象にしにくいのかもしれない。

ぼくは、この都市における大衆文化にこそ、現在から未来にかけてのアフリカの可能性があるのではないか、と考えている。都市には急激な人口膨張とか、スラム街の拡大とか、そこにおける「未開」と「文明」の衝突から生まれる「近代化」とか、アフリカのもつ矛盾が渦まいている。それらの矛盾や対立がどのように解決されていくかは、アフリカ人の英知にまたねばならぬことはいうまでもないだろう。こうした現象を他人事のごとく巨視的にみれば、アフリカの壮大な「実験」が、いま進行中であるというのかもしれない。

例えば、ぼくの友人のギクユ人（ケニア）は二人の子持ちであるが、田舎から出てきた妻とともにナイロビ市内に住んでいる。彼らは日常的には家庭内ではギクユ語で話すが、勤務先では英語かスワヒリ語である。二人の子どもは学校でスワヒリ語と英語を学び、家ではギクユ語を話すことになる。夫婦たちはギクユ語の世界で幼年期をすごしたが、その子どもたちは、同時に三つの言語を操らなければ生きていけない世界で成長せざるを得ない。それは、いわば巨大な文化的るつぼのなかに投げ込まれている状態といえないだろうか。これは想像を絶する世界である。核家族のなかで、彼らは「伝統的社会」の規範や文化の継承からもある程度「自由」になり、新たなアイデンティティを獲得しなければならない。「市民」あるいは「国民」として規定される世界のなかに人生をすごさなければならないのである。

いうまでもなく、これは「近代化」という便利な用語で概括される過程である。アフリカの場合、それが急激に進行しているために、だれもが分裂症的気分のなかで葛藤せざるをえない。

しかも、ある程度、「鎖国」的政策をとらない限り、新植民地主義的な外国文化は圧倒的な勢いで流入してくる。「先進国」の大学で教育を受けた人びとが指導的地位に多いことも見逃せないだろう。こうして、アフリカの都市社会のなかには、分類不可能なほど無数の文化的葛藤、対立、矛盾が顕在ないし潜在し、たえず可視的、不可視的な爆発が起っている。

そのなかから、新しい文化が生まれてきている。文学、美術、音楽、演劇、映画等々のジャンルにおいて、さまざまな困難にもかかわらず、素晴らしい成果を生みだしつづけているのだ。ぼくらが、そうしたアフリカの都市における文化を「直射」しない限り、アフリカの現実から限りなく遠のいてはしまわないだろうか。

ところで、この一年余（一九八五年前後）、日本をはじめ「先進国」ではアフリカの飢餓問題の深刻化に対応したさまざまな救援活動がみられた。そして、同時にこの飢餓問題への関心の増大と並行するかのように、アフリカの文化へも関心が向かってきている。

改めて強調するまでもなく、広大無辺のアフリカ大陸は、多様な自然的、社会的条件のもとで、豊かな文化を生みだしてきた。人類の発祥地であり、人類の文化を始源においてはぐくんだ大地である。口承文学、神話、宇宙論、彫刻、音楽、舞踊など、およそ人間存在にとって本源的な文化的要素は、すべてアフリカにみることができる。そして、今日まで、そうした文化的遺産は人々の精神のなかに息づいてきている。さまざまに、形を変えてはいるが、アフリカ文化の独特な時空間がひとつのアウラ（気）として、息づいていることは確かだろう。

したがって、都市における新たな文化創造の諸様相のなかでもこうしたアウラ（気）が再生されていくことになる。アフリカの都市はマクロ的にみれば、巨大な農村の海に浮かぶ島のようなものであり、海たる農村の滋養でもって生きている。したがって、文化的表現もまた、源泉は同じである。ひとたび、アフリカ的宇宙の源泉を通過しない限り、大衆の心をとらえる文化的表現を創造することは難しい。

都市は外国の首都と接合され、文化の直輸入が可能であるだけに、この源泉と無関係な外国文化のコピー的表現は決して人々の心を打つことはできないだろうし、長つづきはしまい。アフリカの都市のなかで、アフリカのアウラ（気）に新たな形式と内容を与える表現にこそ、ぼくは注目する。それは、ひと言でいえば、アフリカのもつ矛盾、抑圧と闘い、人間的解放を目指す過程で生み出される文化的表現を「直射」することである。

この間の「飢餓問題と救済キャンペーン」に対する批判のなかに、「アフリカは物質的には貧しいが、文化的には豊かだ」、飢餓キャンペーンはそれを無視しているといった主張がみられた。アフリカ大陸を「飢餓」一色で塗りつぶすような見方は、はなはだ虚偽に満ちたものであるが、「物質的には貧しいが、文化的には豊かだ」というのも、別のフィクションであるようにぼくには思える。なぜならば、「飢餓」は文化の物質的基盤を破壊するからだ。例えば、「飢餓」に陥り、難民化した人びとのことを考えてみれば、それは容易に理解できよう。彼らは共同体を失い、家族・親族の紐帯を失い、アイデンティティを失っていく。「飢餓」による「アフリカの貧しさ」から出てくるのは、「文化的な豊かさ」ではなく、たとえ貧しい生活であっても、それまでは豊かな精神、文化のなかに生きていたものが、文化を生みだす基盤を失って文化的にもさらに貧しくなるという現実である。

「飢餓」がアウラ（気）を崩壊させていく。そして、彼らは文化的にも経済的にも貧困化に直面する危機のなかにある。この一〇年（一九七〇年代後半〜八〇年代前半）、アフリカ各地における社会的崩壊の現象をみるならば、この深刻な文化的危機に注目すべきではないだろうか。

この危機を、アフリカ人たちはどう突破していくのか。彼らに残されているのは、闘いだけではないか。社会的崩壊から生まれる文化の危機と闘う表現こそ、明日のアフリカの文化的創造へと連続する。ぼくは、そこに自分のまなざしを向け、「直射」したいのである。

アフリカの太陽の光は、ぼくらの肉体を射抜き、ぼくらのもつ自然観や文化認識を解体するパワーにみなぎっている。と同時に、アフリカの人びとが、この太陽の「直射」のもとで、素晴らしい文化を創りあげてきた。アフリカを「直射」する陽光が、ぼくらの既成のアフリカ観を変え、新たな思考を迫ってくる。ぼくは、それを「直射思考」と言葉にしてみた。

＊　白石顕二著『アフリカ直射思考』（洋泉社、一九八五年）より再録

白石顕二について　山本富美子

白石顕二は、一九四六年、茨城県生まれ、東京都立大学法学部卒。アフリカ文化研究者。一九六〇年代後半より同時代のアフリカに関心を持ち、一九七二年はじめて東アフリカへ。その後毎年、東西南北と足を運ぶ。以前から注視していた革命思想家、アミルカル・カブラル（一九二四―七三）が暗殺されたのに衝撃を受けカブラルの革命思想の翻訳にかかる。七年かかり日本では

じめての『アフリカ革命と文化』（岸和田、正木共訳、亜紀書房、一九八〇年）を刊行。この道のりの中、小さな国ギニアビサウ（ポルトガル領）での解放運動のカブラルの革命思想の深淵に踏み込むことが出来、他の革命思想家との違い、「社会構造の分析から始まり、文化構造へとアフリカ全体的分析へとつき進むカブラルの思想的発展こそ、解放闘争の、もう一つの所産」と喝破するに至った。これを機に社会運動に重きを置いていた自らの道標を文化構造の分析へと舵を切った。多様性に富み、まだ神秘性を内蔵するアフリカルチャー（音楽、文学、美術、演劇、映画）の生きた情報を「アフリカ直射思考」として精力的に伝え続けた。特に映画は、総合芸術として捉え、フェスパコ（ワガドグ全アフリカ映画祭）には続けて九回に亘り参加、アフリカ映画人（亡命者も含む）との魂の交流により日本では、一九八〇年後半より、東京アフリカ映画祭（TOKYO AFRICAN FILM FESTIVAL）を開催、ディレクターを務めて、数多くのアフリカ映画を紹介し、多くの映画人を招待して日本との理解を深めた。二〇〇四年にはＮＰＯ法人「アフリカ映像フォーラム」を立ち上げ、世界で初めてエイズ映画一〇〇本上映を果たすなど国連からも注目された。

美術に関しては、数多くのアフリカアーティストの才能を見抜き、日本各地の美術館の応援を受け多くの展覧会を開催。とりわけ、世界に先駆けて、ジョージ・リランガ（タンザニア）の天才的素質を発見、はじめての個人画集『アフリカ・フォイ‐リランガの宇宙』を発刊、またたく間に欧米の美術界に衝撃を与えた。リランガと白石の絆は深く何度も来日し展覧会を開催した。なかでも、広島現代美術館で制作したヒロシマのシェターニは世界的な代表作となった。ちなみにアミルカル・カブラルはヒロシマでの公演も行っている。

二〇〇五年六月、秋の第七回のAFRICA FESTIVALの準備のさなか、数々の疲労を抱えての突然死。その五日後の六月二七日リランガも死去。大きな白い鳥になった白石は今、自由にはばたいてアフリカと日本を往っている。そして、白石の多くのアーティストから支持された魂のアフリカルチャーコレクションは、生前縁の深かった「多摩美術大学白石顕二(KENJI SHIRAISHI)アフリカコレクション」として活きている。今年(二〇一九年七月二五日〜一〇月六日)、「エターナルアフリカ―カブラルとミランガ」が開催される。

アミルカル・カブラル（一九二四〜一九七三年）年譜

一九二四年

九月一二日　ギニアビサウ（当時ポルトガル領ギニア）第二の都市バファタに生まれる。父ジュベナル（一八八九〜一九五一）はカボベルデ出身で、公務員（税関職員）を経て学校教師。母イバ（一八九三〜一九七七）は内職（お針子など）で家計を支える。後のギニアビサウ初代大統領ルイス・カブラル（一九三一〜二〇〇九）は異母弟。

一九二九年　両親離婚。母親と共にカボベルデへ。

一九三〇年　一年後ギニアへ戻る。

一九三二年一一月　父親と共にカボベルデへ再移住。

一九三三年　イバもカボベルデへ、アミルカルは首都プライア市の小学校に入学。イバは缶詰工場で働き、生活費・学費を賄った。

一九三六年　小学校卒業。

一九三七年　サンビセンテ島の名門校ジル・エアネス中等学校（リセウ）に入学、成績は常に優秀で、数学が得意だったが、文学活動（詩作）でも活躍。

一九四四年　同リセウを卒業、プライアに戻り、国立出版社に就職、仕事は地形図作成補助。

一九四五年　奨学金試験に合格、一〇月、リスボンの農業経済高等研究所（大学）に留学、専攻は農業経済、農業工業。文武両道のカブラル青年は、勉学と並行してスポーツにも熱中、大学のサッカークラブでも活躍（名門クラブのベンフィカから誘いがあったほどのセミプロ級だった）。

一九四八年一〇月　アンゴラ出身のマリオ・デ・アンドラーデと知り合う。その後、アンドラーデ、ダ・クルスらとともに「アンゴラを発見しよう」運動に参加。

一九四九年　カブラルの思想に大きな転換をもたらした年。

①二年前にコインブラ大学に留学（医学専攻）していたアゴスチーニョ・ネトー（アンゴラ出身）がリスボン大学へ移籍。既にＰＣＰ（ポルトガル共産党）党員として植民地解放運動にコミットしていたネトーからの知的影響は大きかった。

②ネグリチュード運動の主導者サンゴールが編纂した『黒人・マダガスカル新詩集』（序文がサルトルの「黒いオルフェ」）が刊行され、この黒人意識宣言詩集を熟読したカブラルは衝撃を受ける。

③またアンゴラ人船員の運動仲間から入手したブラジルの社会主義リアリズム文学作品、とりわけジョルジ・アマード（一九一二〜二〇〇一）やグラシリアーノ・ラモス（一八九二〜一九五三）の小説群からも大きな影響を受けた。

一九五〇年　大学卒業。修論レベルの卒論は「アレンテージョ地域における土壌侵食と土地保全」で、ポルトガル中南部の農業が抱える問題を論じた。さらに全国農業局における調査・実習を終えた一九五二年には、実習修了論文「土壌流失の概念について」を提出し、審査委員から最高の評価を得ている。この現場経験からポルトガル本国の農業と農民の貧しい実態（非識字率は四〇％以上）を深く認識した。

一九五〇年～一九五一年　アフリカ人留学生たちは毎週集り、アフリカを知るために相互に教育し合った。
一九五一年　「帝国学生会館」、「アフリカの家」での活動に秘密政治警察（ＰＩＤＥ）の目が光り始め、「アフリカ研究センター」を新たに設立した。「精神の再アフリカ化」（カブラル）が進められる。これは一九五三年まで続く。
一九五一年一二月　「カボベルデ詩に関するノート」を発表。カブラルはカボベルデでの中学・高校時代から少なからぬ数の詩を学内誌や地元雑誌に発表しており、ポルトガル留学中にも数編書いている。小論文「黒人学生の役割」を発表したのは一九五三年である。これらがカブラルの初期著作である。
一九五一年　大学の同級生で林学研究者のポルトガル女性マリア・エレナ・ロドリゲス（一九二七～二〇〇五）と結婚（一九五三年長女イバ、一九六二年次女アナ・ルイザが生まれたが、一九六六年離婚）。カブラルの一九五四年発表論文「ギニア農業センサスの存在理由、目的並びに成立過程に関する簡単なノート」は彼女との共著。（尚、長女イバ・カブラルは、歴史学者にして、現在、カボベルデ大学学長。）
一九五二年九月　ポルトガル政府の農業技術者として母国ギニアへ戻る（滞在は一九五五年三月まで）。
一九五三年　ギニアビサウの全国的な農業センサスを行う。この結果は、論文「一九五三年に行われたギニア農業センサス」としてまとめられ、一九五六年七月に発表された。この間、ギニア農業の現状と問題を分析したいくつかの論文を発表しているが、そのタイトルは次の通り。

「ポルトガル領ギニアにおけるピーナッツ栽培の周期について」
「ギニアにおける土壌の浸食問題を認識するために」
「ポルトガル領ギニアの農業近代化への提案」
「ブラック・アフリカにおける土地利用について」
「ギニア農業生産に対するギニア人民の貢献について」

一九五三年二月三日~五日　サントメ島で「バテパの虐殺」。人口六万のうち千人以上をポルトガル軍が殺害。

一九五四年　ビサウで「スポーツクラブ」の創設を試みたが、植民地政府によって即刻禁止される。総督府から「反政府活動」を中止するか国外退去かの二者択一を迫られ、翌五五年三月家族（妻マリア・エレナと長女イバ）と一緒にリスボンへ行く。（ポルトガル滞在は一九五九年までだが、この間、ポルトガル政府の海外州調査委員会の特別協力顧問としてアンゴラに何回も長期出張し、農業技師としての専門的な実績を上げている。この業務出張を利用してギニアにも短期で一時帰国している）。

ビサウでMING（ギニア民族独立運動）が知識人や公務員によって組織されたが、ほどなく崩壊した。カブラルはこの創設にも関与したとの説もあるが、この組織には関与していない、というのが定説だ。

一九五六年九月一九日　カブラルら六名はビサウで秘かにギニアとカボベルデの統一と独立を求める「アフリカ人党」（PAI）を結成した。この党名は、のちの一九六〇年一〇月の党大会で「ギニア・カボベルデ・アフリカ人独立党」（PAIGC）と改称。

一九五六年一二月一〇日　アンゴラのルアンダでA・ネトーらと共に「アンゴラ解放人民運動」（MPLA）を結成。

一九五七年一一月　カブラルの提案で「ポルトガル領植民地における闘争発展のための討論・研究集会」が開催され、〝リスボン仲間〟のドス・サントス、アンドラーデ、ダ・クルス、エスピリト・サントと合わせて、パリで「ポルトガル領植民地民族解放運動」（MLNCP）を設立。翌一九五八年にリスボンで「反植民地主義運動」（MAC）が非合法裡に結成された。

一九五八年一〇月二日　ギニア（コナクリ）共和国がフランスから独立。ギニアビサウの解放闘争を物心両面で援助していく。

一九五九年八月三日　「ピジギチの虐殺」。ビサウ港のピジギチ埠頭で港湾労働者が労働条件の改善と賃上げを要求して平和的なデモ、ストライキを行ったが、ポルトガル官憲は発砲でこれに応えた。正確な死者数は確定していないが五〇名とも七〇名ともいわれ、負傷者数は一〇〇名以上。

一九五九年九月　カブラルは「ピジギチ虐殺」の報を聞き、アンゴラからギニアビサウへ戻る。ビサウに住む母親イバに別れを告げ、地下に潜る。

一九五九年九月一九日　PAIGCの拡大秘密会議を開催。「ピジギチの経験とポルトガル植民地主義の性格にかんがみ、国を解放する唯一の道は戦争をふくむあらゆる手段による闘争を通じてであると結論を下し、闘争の主体となる農民の動員、都市党組織の秘密化等を決定した。

一九六〇年一月　チュニジアのチュニスで、PAIGCとMPLAは、ポルトガル領植民地の「民族独立を目指すアフリカ人革命戦線」（FRAIN）を結成。二月、ロンドンで、アベル・ジャッシのペンネームによる英文小冊子「ポルトガル領アフリカ植民地の現実」を出版。

六月　ロンドンを訪れ、イギリス労働党などに運動の支援を求めたが、デビッドソンらごく一部を除き誰も耳を傾けなかった。
六月一六日　モザンビークにおける「ムエダの虐殺」。死者五〇〇名以上といわれる。この事件は「平和的抵抗が無益であることを決定的に証明した」（モンドラーネ）。なお、この頃（月日不詳）、コナクリに解放闘争を指導する幹部の養成を目的としたＰＡＩＧＣ党学校（政治軍事教育センターＣＩＰＭ）が設立された。
九月二五日　ＰＡＩＧＣはポルトガル政府へ民族自決権を要求する覚書を送った。
一一月三〇日　国連第一五回総会（「アフリカ総会」）は植民地撤廃宣言を採択した（九月）が、ポルトガルのサラザール首相は「ポルトガルはアフリカの自国領に対する民族自決方式を拒否する」と言明した。
一二月一日　ＰＡＩＧＣの機関誌『リベルタソン』（解放）発刊。
一九六一年二月四日　アンゴラのルアンダでアフリカ人民衆の蜂起。五グループが刑務所、警察署などを襲撃。ＭＰＬＡの武装闘争が開始された。
四月一八日　モロッコのカサブランカで「ポルトガル領植民地民族主義組織協議会」（ＣＯＮＣＰ）を設立。ＦＲＡＩＮは発展的に解消。
七月　カブラルは、解放闘争の進展状況とポルトガル植民地主義に関する重要なレポート「一般報告」を発表。
一〇月　ポルトガル政府へ公開書状を提出し、民族自決権の承認、平和的解決を訴える。
一九六二年一月　ＰＡＩＧＣ、綱領、組織原則を改正。

三月一三日　ポルトガル秘密政治警察ＰＩＤＥは、ビサウのＰＡＩＧＣ地下本部を襲撃。議長ラファエル・バルボーザが逮捕される。
六月　コナクリで国連のポルトガル領諸地域特別委員会が開かれ、ＰＡＩＧＣ声明発表。
六月二五日　モザンビーク解放戦線（ＦＲＥＬＩＭＯ）が結成される。その後九月に第一回党大会を開き、モンドラーネを議長に選出した。
一一月　フランスの雑誌『パルチザン』に「ポルトガル植民地主義と闘うギニアとカボベルデ」を発表。
一九六三年一月二三日　ＰＡＩＧＣの武装闘争開始。南部ティテのポルトガル軍兵舎を武装襲撃。
五月二五日　アフリカ統一機構（ＯＡＵ）が設立され、七月にＯＡＵアフリカ解放委員会発足。ＰＡＩＧＣの闘争を積極的に支援する。
七月　北部戦線が開かれる。
七月一七日〜二二日　セネガルのダカールにて、ＰＡＩＧＣ幹部会議開催。カブラルの報告は「カボベルデ諸島の社会構造に関する簡潔な報告」。
一九六四年一〜三月　コモ島の戦い。南部の要衝コモ島の奪回を図るポルトガル軍にＰＡＩＧＣ軍は兵力不十分にもかかわらず勝利を収め、戦局の展開に大きな影響を与えた。
二月一三〜一七日　解放区でＰＡＩＧＣ第一回党大会を開催。
五月一〜三日　イタリア（ミラノ）のフランツ・ファノン・センター主催のセミナーに参加し、カブラルは「ギニアの社会構造に関する簡潔な分析」を報告。
五月　植民地戦争を「半年以内で終結させる」ために、Ａ・シュルツ将軍がギニア総督に任命される。

ナチスに訓練を受けたこのファシスト軍人は、結局何の成果もあげられず、一九六八年に辞任した。

九月二五日　モザンビークでＦＲＥＬＩＭＯが武装闘争を開始。

一一月　ＰＡＩＧＣ、正規軍を編制。

一二月　ＰＡＩＧＣ編集の教科書発行される。

一九六五年三月　コナクリに戦士たちの子弟や戦争孤児を教育する寄宿学校を設立。

一〇月三～八日　タンザニアのダルエスサラームにてＣＯＮＣＰ第二回大会開催。

一一月　それまでの経験を踏まえ、「一般的指示」(As Palavras de Ordem) をまとめる。解放闘争推進のための一般方針と闘争スローガンを具体的に提示した重要文書。

一九六六年一月三～一五日　キューバのハバナで開催された「三大陸人民連帯会議」にＣＯＮＣＰを代表して出席。カブラルは「社会構造に関連しての民族解放の基礎と目標」と題する報告を行う。

一九六六年五月　カボベルデ女性アナ・マリア・デ・サと再婚（再婚同士で、六九年に娘インディラが生まれた）。

九月一九日　ＰＡＩＧＣ、軍事裁判法を発令。

一二月九日　人民革命軍（ＦＡＲＰ）を再編制。

一九六七年七月一六日　「解放放送」を開始。この頃、従来、一握りの穏健な亡命ギニア人による「ギニア民族独立解放戦線」（ＦＬＩＮＧ）を支持していたセネガル政府（サンゴール大統領）がＰＡＩＧＣの主権を認め、セネガル国内でのＰＡＩＧＣの地位確立。これ以後、北部戦線拡大。

一九六八年五月　シュルツの後任の総督となったスピノラ准将は〝戦略的撤退〟策をとり、ポルトガル軍陣地一〇か所を撤収。すでにこの頃、ＰＡＩＧＣは国土の四分の三を解放していた。スピノラは軍事的な敗北を認識したうえで、〝よりよきギニア〟の欺瞞的スローガンを掲げ、公共施設を整備し、人心を掌握して政治的解決を図ろうとした。

九月　『トリコンチネンタル』誌九・一〇月号に、カブラルのインタビュー「抵抗への決意」が発表される。

九月二七日　三〇年以上ポルトガルに君臨した独裁者サラザールが重病に陥り、カエタノが新首相に就任。

一〇月三日　デビッドソンの『ギニアの解放』（邦訳、理論社、一九七一年）への序文執筆。

一九六九年一月一八～二〇日　スーダンのハルツームでアジア・アフリカ人民連帯機構主催の「ポルトガル領アフリカと南部アフリカの人民支援集会」にカブラル、モンドラーネ、ネトーらが参加。

二月三日　ＦＲＥＬＩＭＯ議長モンドラーネがダルエスサラームで暗殺される（小包爆弾による）。ＦＲＥＬＩＭＯは新議長にサモラ・マッシェルを選出。

四月　カエタノがビサウを訪問。国連人権委員会でギニアビサウの証言者がポルトガル植民地主義の蛮行を暴露、非難。

五月　カブラル「武器の権力」（『トリコンチネンタル』誌No.12）を発表。

一一月一九～二四日　コナクリにて幹部セミナーを開く。政治、軍事担当の幹部数十名が参加。闘争と生活に関する徹底的な討議を行い、解放闘争に新たな展望をもたらした。カブラルは膨大な報告を行う。タイトルのみ列挙する。「統一と闘争」、「現実から出発し、リアリストであること」、「武装抵抗」、「文化的抵抗」、「経済的抵抗」、「政治的抵抗」等々。

一九七〇年二月二〇日　米国を訪問し、ＦＲＥＬＩＭＯ議長モンドラーネの母校シラキューズ大学でモンドラーネ追悼の講演を行う。また、ニューヨークの国連本部、ワシントンの合州国下院外交委員会でもＰＡＩＧＣの闘争の意義を訴える。

四月　モスクワを訪問。タシケントのアルマ・アタのシンポジウムでレーニンを論じる。

六月二七～二九日　ローマで開かれた「ポルトガル領植民地人民と連帯するローマ会議」に参加。

七月一日　ローマ法王パウロ六世、ローマ会議に出席したカブラル、ネトー、ドス・サントスと接見。ポルトガル政府はこれに抗議して駐バチカン大使を召還した。

七月二六日　カブラルら、キューバのモンカダ兵舎襲撃（一九五三年七月二六日、キューバ革命の原点）一七周年記念式典に参加。

七月二八日　ポルトガル前首相サラザール死去。

一一月二二日　ポルトガル軍、外人傭兵とともにギニア共和国に侵攻したが撃退された。スピノラの計画によるこの侵略作戦の目的は、ギニア民主党とＰＡＩＧＣの指導者、とくにセク・トーレとカブラルの殺害を図り、戦局の劣勢を回復しようとすることにあった。

一九七一年三月三〇日～四月一〇日　ソ連（当時）を訪問し、ソ連共産党第二四回大会に列席、メッセージを読む。

四月一四日　ストックホルムの新聞会議に出席し、カボベルデの現状を報告するとともに解放闘争への連帯を訴える。

六月二一日　第八回ＯＡＵ首脳会議（アジスアベバ）に参加。
八月九～一七日　ＰＡＩＧＣ最高闘争評議会を開催。全国人民議会を一九七二年中に設置すると決定。
一〇月　フィンランド、イギリス、アイルランドを訪問し、各地で政府関係者と会見し、講演、インタビューを行う。
一一月　ソ連を訪れ、ロシア一〇月革命五四周年記念式典に参列。
一九七二年二月二八日～三月五日　エチオピアのアジスアベバで開かれた国連安保理に参加し、ポルトガル政府は交渉に応ずべきだと提案する。
四月　国連使節団、解放区を訪問。ＰＡＩＧＣがギニアビサウの唯一の代表であり、ポルトガルは行政能力を喪失していると指摘した。
四月二七日　元ガーナ首相エンクルマ死去。
五月一三日　コナクリの人民宮殿にてエンクルマ追悼集会が開かれ、カブラルは追悼演説を行う。
七月　パリのユネスコ本部で開かれた「人種、アイデンティティ、ディグニティの概念」に関する会議に「独立闘争における文化の役割」と題した論文を提出。
論文「闘争の成果」を『トリコンチネンタル』誌No.31（一九七二年七・八月号）に発表。
八月～九月　中華人民共和国、日本、朝鮮民主主義人民共和国を歴訪。日本では原水協の第一八回原水爆禁止世界大会に出席。東京でアフリカ問題懇話会、アフリカ行動委員会共催の歓迎集会に出席し演説（八月八日）。
九月一九日　党結成一六周年記念日に「解決策はひとつ、独立のみ」のメッセージを発表。

一〇月一五日　米国のリンカーン大学（ペンシルバニア州）より名誉博士号を授与される。記念講演「民族解放闘争における自己と尊厳」（内容はユネスコ提出論文とほぼ同一）。
一〇月一六日　国連総会信託統治委員会で演説。解放地域はすでに国家機能をもつと指摘した。
一二月二三日　ポルトガルのクレスポ海軍大臣、ビサウを訪問。ゴメスＰＩＤＥ（秘密政治警察）総監、スピノラ将軍との三者協議で、カブラル逮捕の日を翌年一月二〇日と決定。
一九七三年一月一日　新年のメッセージ「今年、国家を樹立し、闘争を強化する」を発表。
一月一五日　『アフリカ』誌との〝最後〟のインタビュー。
一月二〇日夜半（二二：三〇前後）　コナクリの自宅付近で暗殺（銃撃）される。犯人イノセンシオ・カニはソ連で軍事訓練を受けた軍人（海軍担当）だが、ポルトガル植民地主義者に買収された裏切り分子となった。（但し、党内内紛説など様々な説があり、十分な査問審査もないままイノセンシオらは処刑されてしまった。）
一月三一日　コナクリの人民宮殿でカブラル追悼集会。
二月一日　コナクリの「九月二八日スタジアム」にてカブラルの国葬。遺体はエンクルマの眠るルマエンヌ墓地に埋葬された。
二月七日　ＰＡＩＧＣ、全戦線における戦闘強化を指示。
五月二五日　アミルカル・カブラル作戦を展開、ポルトガル側に大打撃を与える。
六月一八〜二二日　南部解放区でＰＡＩＧＣ第二回党大会を開催。アリスティデス・ペレイラが書記長となった。
九月二三〜二四日　ボエにて第一回ギニアビサウ全国人民会議開かれる。

九月二四日　ギニアビサウ共和国独立の宣言。ルイス・カブラル（アミルカル・カブラルの異母弟）
　が国家評議会議長に選出された。
一九七四年四月二五日　ポルトガルで「カーネーション革命」。国軍運動による無血の軍事クーデター
　がカエタノ政権を打倒。ポルトガル・ファシズムの終焉。「内には民主化、外には非植民地化」
　が始められる。
五月一六〜一七日　ＰＡＩＧＣペレイラ書記長とポルトガルのソアレス外相の交渉開始。
八月二六日　ポルトガルとの〝独立〟協定に調印。
九月一〇日　ポルトガル、ギニアビサウ共和国を正式に承認。
一〇月一五日　ポルトガル植民地軍の最後の一兵が引き揚げた。
一九七五年四月二八日　ビサウで第二回全国人民会議が開かれる。
　六月二五日　モザンビーク人民共和国独立。
　七月五日　カボベルデ共和国独立。
　一一月一一日　アンゴラ人民共和国独立。
一九七六年九月二日　カブラルの遺骸をビサウへ移送。

（文責：白石顕二作成のオリジナル年譜（『アフリカ革命と文化』亜紀書房）に、
最新研究をふまえ岸和田仁が加筆）

ポルトガル語圏におけるカブラル研究の新潮流

岸和田仁

ポルトガル語圏出身の若手研究者による意欲的なカブラル研究著作が、新たに刊行されるようになるのは二一世紀に入ってからと、彼の暗殺年（一九七三年）からカウントすると、三〇年以上も経ってからである。若い世代の研究者が、カブラルとその時代を、一つの歴史的事実として捉え、客観的な研究対象とみるようになったからだが、それには三〇年という長い時間軸が必要だった、ともいえるかもしれない。

カブラル研究に関しては、国際シンポジウム・公開セミナーがポルトガルやカボベルデで複数回開催され、関連論文に至っては数え切れないほど多数発表されているが、多くのカブラル研究単行本のなかから、ポルトガル語圏における三人（アンゴラ人、ギニアビサウ人、ブラジル人）のカブラル研究書をここに紹介しておきたい。いずれもブラジル、アンゴラ、ポルトガルなどのポルトガル語圏で一定程度の読者を獲得し、アカデミズムからも評価されているからである。

1．Antonio Tomás. *O fazedor de utopias. Uma biografia de Amílcar Cabral*.Lisboa:Tinta-Da-China, 二〇〇七

新世代によるカブラル再評価の先陣を切ったのが、このアントニオ・トマス著『ユートピアを創ろう

とした男―アミルカル・カブラル評伝』（二〇〇七年）だ。カブラルが暗殺された年（一九七三年）にアンゴラで生まれた著者は、ジャーナリストにして人類学者。序章の書き出しが、「この本は、一九九〇年代の終わりから二〇〇〇年代初めという時代とリスボンという場所・空間の産物である。（中略）ユートピアを求め、植民地主義がもたらすであろう未来よりもより良き未来のために闘った時代が過ぎ、そうしたユートピアが消失してしまった今日、アミルカル・カブラルが有する位置とは何なのだろうか。」となっているように、若き黒人知識人が元宗主国のポルトガルに住みながら自らのアイデンティティ追究で苦悩していた時、カブラルを再発見し、奨学金を得て調査・研究を深め、彼の生涯を史料に基づき再構成したノンフィクション作品を書きあげた。

カブラルの思想の先駆性を論じる、というスタンスではなく、あくまでも人間カブラルの生涯を冷静かつ詳細に追いかけた現代史ルポ作品といえる評伝であるが、一般読者にも読みやすい文体で書かれているのが特徴だ。アンゴラを代表する作家ジョゼ・エドゥアルド・アグアルーザは、「アフリカのチェ・ゲバラともいえる大偉人を一般読者に知らしめる良書」と本書を推薦している。

2. Julião Soares Souza. *Amílcar Cabral. Vida e morte de um revolucionário africano*.Lisboa:Nova Vega, 二〇一一

ジュリアン・ソアレス・ソウザ『アミルカル・カブラル―あるアフリカ人革命家の生と死』（二〇一一年）は、ギニアビサウ出身の若手歴史学者（コインブラ大学研究員・ニューリスボン大学教員）による労作であり、本格的なカブラル評伝である。もともとコインブラ大学の歴史学博士論文として書かれたものに加筆した著作であるが、関連史料の調査・探索は完璧といえるほどで、各地（ポルトガル、ギニアビサウ、

カボベルデ、デンマーク、スウェーデン）の研究財団、大学、図書館収蔵史料はもとより、カブラルの親族・友人・関係者へのインタビューもいくつも積み重ね、微に入り細を穿つ叙述となっている。巻末の参考資料リストを合わせると五七〇頁もの大部で、カブラルの出生、家族環境から当時の歴史環境をマクロ・ミクロ両面から検証し、青年になってからの行動や知的軌跡、政治活動にコミットするようになった経緯、彼の暗殺の背景まで、吟味されたファクトを詳述している。

ギニアビサウ人で歴史学の博士号を修得したのは、このジュリアンが第一号であるが、歴史学の鉄則に基づく史料主義に忠実で、例えば、解放運動の中核をなすＰＡＩ（アフリカ人党）の結成年度については、定説の一九五六年九月は確実な史料の裏付けがなく、複数の史料から確認できるのは一九五九年である、と結論付けている。

最終章の結語において、「本書の意図するところは、マリオ・デ・アンドラーデらによって書かれた評伝の如き聖人列伝の系譜に連なるのではなく、一人の個人、一人のアクター（行為者）としてのアミルカル・カブラルのメモリー（記憶総体）を回復しようというものだ」と記しているように、自国の建国の父を歴史のなかに客観的に位置付けようとの歴史学者の知的試論であり、本書は今やカブラル研究の教典となっている。

3．Patricia Villen. *Amílcar Cabral e a Crítica ao Colonialismo*. São Paulo:Expressão Popular, 二〇一三

こうしたカブラル研究新潮流の一画を為すといえるのが、ブラジル人による初めての本格的カブラル研究である、パトリシア・ヴィレン『アミルカル・カブラルと植民地主義批判』（二〇一三年）である。

ＰＵＣ（カトリック大学）法学部を卒業後、留学したイタリアのヴェネチア大学に提出した哲学修士

論文に加筆したもの（イタリア語版は二〇一〇年刊行）のポルトガル語版であり、章立てを列記してみると、「序章　アフリカ民族解放運動の背景、第一章　被搾取植民地における人種抑圧構造：ポルトガル・モデル、第二章　イデオロギー装置の再構成、第三章　文化的巡歴、アミルカル・カブラル：その生涯と作品、第四章　革命的反植民地主義、第五章　文化と解放、結論」となっている。

サンパウロ出身の白人女性によるカブラル思想研究書であるが、カブラルはアフリカの現実に基づいた人間解放理論を模索し、社会変革運動における文化の重要性を説き、「人間は文化の産物にして文化のプロジューサーである」とも語っており、現代をも見通した創造的かつ批判的マルクス主義者であった、と熱い叙述が為されている。彼女は本書のなかで、ネオリベラリズムによるグローバル化が驀進する現代においてカブラルを研究する意味を何回も問い直している。カブラルの著作をマルクス主義哲学の視点から読み返し、ポルトガル植民地主義を理論的に支えることになったジルベルト・フレイレの「ポルトガル熱帯主義」を徹底的に批判している。

いわゆる「サンパウロ学派」をリードし、晩年には〝純粋社会主義〟を求道していた社会学者フロレスタン・フェルナンデス（一九二〇～一九九五）の知的影響が明らかだが、カブラル思想の創造性と理論水準の高さを改めて再評価したのが、パトリシア女史の哲学的貢献だ。

あとがき

たんなる一読者でなく、積極的にすべてを知りたいという気持ちから、アミルカル・カブラルの存在を私がはっきりととらえたのは、一九八四年のことである。私の『アフリカ社会ノート』(読書ノート)が一九八五年二月五日から開始しているから、遅くとも八四年の秋には相当カブラルにのめり込んでいたはずである。八五年四月三日から一連のカブラル関係論文の執筆に入っている。

四月一八日からはニエレレのアフリカ社会主義の訳文づくりにとりかかっている。そのあとはいわゆる破竹の勢いで、ファノンを再読するなどして、カブラルに関連するアフリカ諸思想を追いかけていく。気がついてみたなら、幾編かの論文群が活字になっていた。そのほとんどは季刊『クリティーク』の共同編集人として、同誌に寄稿したものであり、そのうちの一つは、自らカブラル特集号を発行してまで、力を入れたものである。その特集号とは「アフリカの文化と革命――カブラル」(同誌第三号、一九八六年四月)であって、事実上、かつてわが邦にカブラルを本格的に紹介した白石顕二との協同編集になった。この特集号には本邦初訳のカブラル・オリジナルが数編収録された。「文化と抵抗」「闘争とかかわりあって」「エンクルマへの追悼」と、どれもたいへん重要なものばかりである。だが、これらの仕事は未だ下準備にすぎない。その後私は、白石顕二、市之瀬敦、中山敏秀、国安真奈と〔アミルカル＝カブラル協会〕を設立したうえで、ポルトガル語からの決定版カブラル著作集『アミルカル＝カブラル　抵抗と創造』（アミルカル＝カブラル協会編、柘植書房、一九九三年）の編集・刊行に全力を傾けた。翻訳には長尾史郎も加わった。

白石との協同は、そこでいったん休止となった。白石も私も、その後相対的に別個の課題を追い求めるようになった。だが、休止に際して、二人のあいだに一つの望みがあった。共著の刊行である。その望みは、二〇〇五年、白石の急逝によって断たれてしまった。けれども、私は『クリティーク』特集号を編集したときに録音しておいた白石・石塚対談の原稿を、まずは二〇〇六年に『社会思想史の窓』第一四五号に、その後二〇一五年になって拙著『近代の超克―あるいは近代の横超』（社会評論社）に掲載した。この一件が機縁となって私は、白石顕二のパートナー山本富美子が多摩美術大学との間で進めるアフリカ文化に関連する展示企画に参加することになった。こうして、半ば必然的に三〇年ぶりに白石との共著刊行に思い至った。白石顕二の旧稿を快く提供して下さった富美子様に、および本書のためにカブラル研究の最新動向をお寄せ下さった岸和田仁氏、貴重な写真をご提供下さった小川忠博氏に、あつくお礼を申し上げる。

最後になったが、一九九二年に拙著『文化による抵抗――アミルカル・カブラルの思想』を刊行して下さった柘植書房新社（当時は柘植書房）の上浦英俊代表に、本書刊行のお礼を申し上げる。

二〇一九年四月　東京電機大学の感性文化学研究室にて

石塚正英

初出一覧（再録するにあたり、いずれの論文も補筆されている）

序章　アミルカル・カブラルと現代（石塚正英）
　石塚正英『文化による抵抗―アミルカル・カブラルの思想』柘植書房、一九九二年、序章。
第1章　カブラルとアフリカ革命（白石顕二）
　白石顕二「カブラルとアフリカ革命」、アミルカル・カブラル著、白石顕二ほか訳『アフリカ革命と文化』亜紀書房、一九八〇年。
第2章　〔プロムナード討論〕アミルカル・カブラルのアフリカ革命論（石塚正英・白石顕二）
　石塚正英編「〔対談〕アミルカル・カブラルの近代化論と近代超克論」、『社会思想史の窓』第一四五号、二〇〇六年。
第3章「カブラルのデクラッセ論とギニアビサウの現実（石塚正英）
　『クリティーク』第一号、一九八五年。
第4章　カブラルのプチ・ブルジョワ論とアフリカ文化（石塚正英）
　『クリティーク』第三号、一九八六年。
第5章「〔精神の再アフリカ化〕を求める抵抗の諸形態（石塚正英）
　アミルカル・カブラル著・アミルカル＝カブラル協会編訳『抵抗と創造』（柘植書房、一九九三年）巻末解説
第6章　母権と無政府――アフリカ平等主義を考える（石塚正英）
　熊本家族史研究会編『女性史研究』第二二集、一九八七年。
第7章　ウジャマァ社会主義とクリエンテス資本主義（石塚正英）
　石塚正英『文化による抵抗―アミルカル・カブラルの思想』柘植書房、一九九二年、第四章。
補章1　アフリカ文化とクレオリゼーション（石塚正英）
　石塚正英ほか編『近代の超克―永久革命』理想社、二〇〇九年、第二部。
補章2　アフリカ直射思考（白石顕二）
　白石顕二『アフリカ直射思考』洋泉舎、一九八五年、序。

アミルカル・カブラル（一九二四〜一九七三年）年譜（白石顕二、補筆岸和田仁）

白石顕二「カブラルとアフリカ革命」、アミルカル・カブラル著、白石顕二ほか訳『アフリカ革命と文化』亜紀書房、一九八〇年。

ポルトガル語圏におけるカブラル研究の新潮流（岸和田仁）

本書のために書き下ろし

著者――――

石塚正英（いしづか まさひで）

1949年、新潟県生まれ。

立正大学大学院文学研究科史学専攻博士後期課程満期退学、同研究科哲学専攻論文博士（文学）。

1982年～、立正大学、専修大学、明治大学、中央大学、東京電機大学（専任）歴任。

2008年～、NPO法人頸城野郷土資料室（新潟県知事認証）理事長。

著作
「学問論の構築へ向けて」立正大学学生新聞会編集『立正大学学生新聞』第229-231号、1970年（歴史知と学問論、社会評論社、2007年、所収）、『叛徒と革命―ブランキ・ヴァイトリンク・ノート』イザラ書房、1975年、『フェティシズムの思想圏―ド＝ブロス・フォイエルバッハ・マルクス』世界書院、1991年、石塚正英著作選【社会思想史の窓】全6巻、社会評論社、2014-15年、『革命職人ヴァイトリング―コミューンからアソシエーションへ』社会評論社、2016年、『マルクスの「フェティシズム・ノート」を読む―偉大なる、聖なる人間の発見』社会評論社、2018年。

白石顕二（しらいし　けんじ）

1946年、茨城県生まれ。東京都立大学法学部卒。アフリカ文化研究者。
著作・翻訳
A・カブラル『アフリカ革命と文化』亜紀書房、1980年、A・キャリニコス／J・ロジャーズ『南部アフリカの階級闘争』柘植書房、1980年、『ザンジバルの娘子軍』冬樹社、1981年、教養文庫、社会思想社、1995年、伊藤正孝共編『アフリカ難民』ほるぷ出版、1984年、『アフリカ直射思考』洋泉社、1985年、シネマクシオン編『ブラック・アフリカの映画』彩流社、1987年、『ポップ・アフリカ』勁草書房、1989年、山本富美子共編『ティンガティンガ―アフリカン・ポップアートの世界』講談社、1990年、山本富美子共編『ジャファリーのアフリカ』講談社、1992年、山本富美子共編『アフリカ・フォイ―リランガの宇宙』講談社、1993年、『アフリカ音楽の想像力』勁草書房、1993年、『ポップ・アフリカ』勁草書房、1989年、『アフリカ映画紀行』柘植書房新社、2000年、アフリカルチャー最前線』柘植書房新社、2006年。

■編　者　石塚正英（いしづか まさひで）
■著　者
石塚正英（いしづか まさひで）
白石顕二（しらいし　けんじ）

アミルカル・カブラル―アフリカ革命のアウラ

2019年6月5日第1刷発行　定価2800円＋税

編　者　石塚正英
著　者　石塚正英・白石顕二
発　行　柘《つ》植《げ》書房新社
〒113-0001　東京都文京区白山1-2-10-102
TEL　03（3818）9270　FAX　03（3818）9274
https://tsugeshobo.com
郵便振替00160-4-113372
印刷・製本　株式会社紙藤原
装　丁　百瀬　梓

乱丁・落丁はお取り替えいたします。ISBN978-4-8068-0725-4　C0030

アミルカル=カブラル　抵抗と闘争

ギニアビサウとカボベルデの独立闘争

アミルカル=カブラル協会（編訳）

定価2900円+税

ISBN4-8068-0324-3 C0030